1909 - Juni - 9

Catalogue

de la

Bibliothèque de feu M. Jules Degermann

de Sainte-Marie-aux-Mines

dont la **Vente aux Enchères** aura lieu

le 9 Juin 1909 et les jours suivants

de $9^1/_2$ heures à midi et de $2^1/_2$ heures à 6 heures du soir
par le ministère de **Me. Dr. Huber**, Notaire à Strasbourg
assisté par M. **F. Staat**, Libraire.

Adresser les Commandes à la **Librairie J. NOIRIEL, F. STAAT Succ.**
27, rue des Serruriers, **Strasbourg** (Alsace).

Local de la Vente:
10, Place Gutenberg
(Salle de la Société des Sciences, Agriculture et Arts de la Basse-Alsace).

Auctionslokal:
10, Gutenbergplatz
(Saal der Gesellschaft zur Förderung der Wissenschaften, des Ackerbaues u. der Künste).

Katalog

der wertvollen Bibliothek des verstorbenen

Herrn Jules Degermann aus Markirch

deren Versteigerung am 9. Juni und den darauffolgenden Tagen
jeweils von **$9^1/_2$—12 Uhr Vormittgs** und **von $2^1/_2$—6 Uhr Nachmittags**
durch den Kais. Notar Herrn **Dr. Huber** in Strassburg
stattfinden wird.

Bestellungen aus dem Kataloge sind zu richten an
J. Noiriel's Buchhandlung, F. Staat Nachf., Strassburg i. E.
Schlossergasse 27.

Le Däumelthurn.

C'est dans cette tour voisine des Ponts-Couverts qu'étaient établies. les chambres de torture. Ses épaisses murailles servirent bien des fois à étouffer les cris de douleur arrachés aux malheureux patients soumis à la „question".

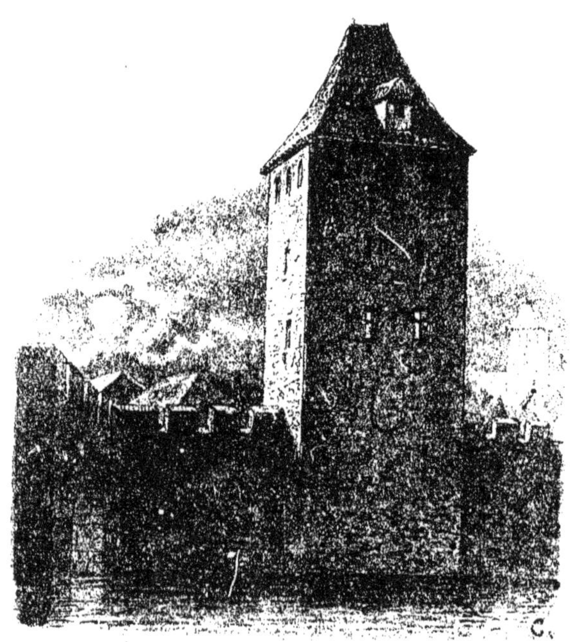

Gravure extraite de

A. Touchemolin

Quelques Souvenirs du Vieux Strasbourg

Voir page 84 du présent Catalogue

Conditions de la Vente. — Auctionsbedingungen.

La vente aura lieu le 9 Juin 1909, et les jours suivants, de 9½ heures à midi et de 2½ heures à 6 heures du soir.

Il sera vendu environ 400 numéros par jour, dans l'ordre du catalogue. Mr. Staat se réserve le droit de réunir, s'il y a lieu, plusieurs numéros en un seul lot, ou de vendre séparément les pièces composant un numéro.

L'exposition des objets aura lieu le jour de leur passage à l'enchère à partir de 8½ heures dans le local de la vente.

Cette exposition mettant le public à même de se rendre compte de l'état des objets, il ne sera admis aucune réclamation, une fois l'adjudication prononcée.

Les adjudicataires sont tenus d'enlever immédiatement les objets dont ils se sont rendus acquéreurs.

Le prix d'adjudication est à payer comptant, avec 10% en sus pour les frais.

Dans le cas, où au moment d'une adjudication il surgirait un différend en raison d'une mise double, l'objet sera immédiatement remis en vente.

Pour tous renseignements s'adresser à M. F. Staat, libraire, 27 rue des Serruriers, Strasbourg.

Die Auction findet statt am 9. Juni 1909 u. den darauffolgenden Tagen, jeweils von 9½ Uhr bis Mittag und Nachmittags von 2½ bis 6 Uhr.

Es werden jeden Tag ca. 400 Nummern in der Reihenfolge des Kataloges versteigert. Herr Staat behält sich jedoch das Recht vor, wenn nötig, mehrere Nummern zu einem Loose zu vereinigen, wie auch einzelne Nummern in mehrere Loose zu teilen.

Die an den einzelnen Tagen zur Versteigerung gelangenden Gegenstände sind an den betreffenden Morgen von 8½ Uhr ab im Auctionslocale zur Besichtigung ausgestellt.

Da durch diese Ausstellung Gelegenheit geboten ist, sich von dem Zustande der einzelnen Gegenstände zu überzeugen, so können Reklamationen nach erfolgtem Zuschlag in keinerlei Weise berücksichtigt werden.

Die Versteigerung geschieht gegen bare Zahlung und hat der Ersteher auf den Zuschlag ein Aufgeld von 10% zu entrichten. Die gesteigerten Gegenstände sind sofort in Empfang zu nehmen.

Sollte durch erfolgtes Doppelgebot eine Meinungsverschiedenheit entstehen, so wird die betreffende Nummer sofort nochmals ausgeboten.

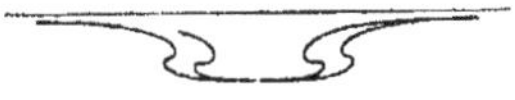

PREMIÈRE PARTIE.

Ouvrages sur l'Alsace et les pays limitrophes.

PREMIÈRE PARTIE.

Livres.

Disposition du Catalogue.

Les titres se suivent en général dans l'ordre alphabétique des auteurs. Pour la littérature d'un endroit, tous les ouvrages qui s'y rattachent, ont été réunis sous le nom de l'endroit même, et les biographies sous le nom des personnes dont il est question. Ce même classement a été adopté pour les pièces relatives à une même question, comme par exemple pour la littérature sur la Révolution française, la Guerre de 1870—71, la Question d'Alsace-Lorraine, etc. etc.

1 **Abrégé chronologique** de l'histoire et du droit public d'Allemagne .... par M. P. S. D. A. D. S. M. L. R. D. P. E. D. S. Paris 1754, in-12; XII—721 p., demi-rel. ord.

2 **Agon de Lacontrie, d'.** Ancien statuaire d'Alsace, ou recueil des actes de notoriété fournis en 1738 et 1739 à Mr de Corberon sur les statuts, us et coutumes locales de cette province. Colmar 1825, in-18, XXI—201 p., cart.

3 **Allerlei (Galimathisches)**, oder Stadt-, Land- und Waldgedicht in neun Gesängen, von einem Liebhaber der Dichtkunst zu seinem Zeitvertreib verfertiget. 2. Auflage. Strassburg 1776, in-8, 264 p., cart.

4 **Almanachs. — Bâle.** — Almanach historique, nommé le Messager boiteux (de Berne). 1839. Publié à Bâle. In-4°.

5 — **Epinal.** — Almanach du Peuple, pour l'an 1838. Publié à Epinal. In-4°.

6 — **Montbéliard.** — Le nouvel Anabaptiste, ou l'Agriculteur-pratique. 1822 et 1825. Publié à Montbéliard. 2 années, in-4°.

7 — — Le Messager des Familles. 1re, 4e et 8e années. 1838, 1841 et 1845. Publié à Montbéliard. 3 années, in-4°.

8 — **Nancy.** — Le Messager d'Alsace et de Lorraine. Almanach ill. pour l'année 1874. Publié à Nancy. In-4°.

9 — — Le Postillon lorrain. Almanach moral etc. 4e année. 1841. Publié à Nancy. In-4°.

10 **Alsace-Lorraine (l') après 1870.** — Alsace-Lorraine. Législation — Administration — Organisation du 1r Avril 1871 au 1r Avril 1872. Mémoire présenté au Reichstag par le Chancelier le 9 avril 1872. Berlin 1872, in-8°, 39 p., cart. demi perc.

11 — Debatte über das Budget für das Jahr 1876. Reden der elsässischen Abgeordneten. Berlin, s. d., in-18, 68 p., br.

12 — Dumont, Alb. L'Administration et la propagande prussiennes en Alsace. Paris 1871, in-12, VIII—260 p., br.

13 — Elsass-Lothringen vor dem Reichstage. Verhandlungen über den Gesetzentwurf, betreffend die Verfassung u. die Verwaltung Elsass-Lothr., etc. Berlin 1879, in-8°, 272 p., br.

14 — Gasparin, A. de. La République neutre d'Alsace. Genève 1870, in-12, XV—125 p., br.

15 — Heimweh, J. L'Alsace-Lorraine et la paix. — La dépêche d'Ems. (Questions du temps présent). Paris 1894, in-18, III—119, p., br.

16 — — Pensons-y et parlons-en. Paris 1891, in-18, 46 p., br.

17 — — La Question d'Alsace. Paris 1889, in-18, VI—253 p., br.

18 — Le régime des passeports en Alsace-Lorraine. Paris 1890, in-12, II—77 p., br.

19 — — Triple alliance et Alsace-Lorraine. (Questions du temps présent). Paris 1892, in-18, IV—139 p., br.

20 **Alsace-Lorraine (l') après 1870.** — Lonchamp, E. La vie politique en Alsace-Lorraine. (Extr. de „l'Industriel alsacien"). Mulhouse 1876, in-8", VIII—52 p., demi-rel. toile.

21 — Löning, Dr. Edg. Die Verwaltung des General-Gouvernements im Elsass. Ein Beitrag z. Gesch. des Völkerrechts. Strassburg 1874, in-8", 265 p., br.

22 — Rappolstein, Alf. de. L'Alsace-Lorraine 1870—1884. Bâle 1884, in-8", 44 p., br.

23 — (Schnéegans, A.) Aus dem Elsass. — Zustände, Stimmungen u. Erwartungen im neuen Reichsland. (Separatabdruck der „Briefe aus dem Elsass" aus der Allgem. Zeitung). Leipzig 1875, in-12, XII—279 p., demi-rel. toile.

24 — Verordnungen und amtliche Nachrichten für Elsass-Lothringen, von Beginn der Occupation bis Ende März 1872. Hrsg. v. Oberpräsidial-Büreau. Strassburg 1872, in-18, XLIII—592 p., cart. demi-toile.

25 **Annuaires.** — Annuaire Didot-Bottin. 1854 et 1865 (?) Bas-Rhin et Haut-Rhin. (Parties détachées de l'annuaire complet, sans pagination spéc.) Paris. In-4", en 1 vol. cart.

26 — Annuaire histor. et statist. du département du Bas-Rhin, fondé par P. J. Fargès-Méricourt en 1805. Années 1831 (incplt.), 1835 à 1847, 1848 (dernières pages abîmées), 1851 à 1856, 1865 à 1870. Strasb. 1831—1870. 27 vol. in-16, br.

27 — Indicateur commercial et administratif du Haut-Rhin, pour l'année 1866, rédigé par D. Kiefer. Mulhouse, Risler & Co., in-12, 470 p., br.

28 **Antonio, Fr. Jos.** (Caesaremontano). Spiritualis decem dierum solitudo vernans floribus sacrae scripturae ac sanctorum patrum secundum triplicem perfectionis viam distributis, etc. Argentorati 1754, in-18, XX—292 p., rel. bas., tr. rouges.

29 **Arnold, Georges-Daniel.** — Discours prononcés aux obsèques de M. G.-D. Arnold, Docteur en Droit, Doyen et Professeur de la Faculté de Droit . . . Strasb. 1829, in-8", 58 p., br.

30 **Arrests etc.** du conseil d'état du roy, des années 1694 à 1789. 12 pièces diverses in-4", sous couverture.

31 **Ascham, Roger.** — Katterfeld, Dr. Alfred. Roger Ascham. Sein Leben und seine Werke. Strassb. 1879, in-8", XI—369 p., br.

32 **Association du Bas-Rhin.** — Procès de l'Association du Bas-Rhin contre l'impôt sur les boissons et sur le sel contenant la défense complette des citoyens Liechtenberger, Boersch et Silbermann, et la plaidoirie de Me Martin. Strasbourg 1834, 100 p.

33 **Baden-Baden.** — Bodmer, Graf Carl von. Beschreibung der Stadt Baden, mit ihren Umgebungen. Karlsruhe u. Baden 1831, in-18, 108 p., cart. Av. fig. (Taché de rousseur).

34 — Ruef, Dr. Das Lithium und die lithiumhaltigen Quellen von Baden-Baden, als wirksames Heilmittel gegen Gicht. Baden-Baden 1862, in-18, 60 p., br.

35 **Baldé, Jacques.** — Brunner, l'abbé L. Jacques Baldé, le grand poète de l'Alsace. Notice historique et littéraire. Guebwiller 1865, in-8", 20 p., br.

36 **Bâle.** — Burckhardt, L. A. Die Hofrödel von Dinghöfen Baselischer Gotteshäuser und Andrer am Ober-Rhein. Basel 1860, in-8", 254 p., demi-rel. mar. rouge. (Rel. fatiguée).

37 — Geering, Tr. Handel und Industrie der Stadt Basel. Zunftwesen und Wirtschaftsgeschichte bis zum Ende des XVII. Jahrh. Basel 1886, gr. in-8", XXVI—678 p., demi-rel. cuir, non rogné.

38 — Gross, Joh. Kurtze Bassler Chronick . . . . von 1400 bis 1624. Basel 1624, in-18, 251 p., plus préface et table des matières, rel. parch.

39 **Bâle.** — Jahrbuch (Basler) 1883. Herausgegeben v. Alb. Burckhardt und Rud. Wackernagel. Basel 1883, in-8°, V—284 p., demi-rel. toile, non rogné. Av. 2 planches.

40 — Meyer-Krauss, B. Wappenbuch der Stadt Basel. Basel 1880, in-4°, 78 planches d'armoiries, av. préface et table. Demi-rel. amat., dos et coins maroq. rouge, tête dorée, non rogné. (Superbe exempl.)

41 — Urkundenbuch der Stadt Basel. Her. v. d. Histor. u. Antiqu. Gesellschaft zu Basel. T. I à III. Basel 1890 à 1896. 3 vol. in-4°, cart. et br. Av. planches et cartes.

42 **Ban-de-la-Roche.** — Dietz, E. Le climat du Ban de la Roche au siècle dernier et dans la 1re moitié de ce siècle, suivi d'une Notice sur l'introduction de la pomme de terre dans cette contrée (Extr.) Strasbourg 1887, in-8°, 36 p., br.

43 **Baquol.** — Compte rendu du procès des enfants Baquol, devant le Tribunal civil de Strasb. et la Cour impériale de Colmar. Strasb. 1858, 16 p., br.

44 **Barr.** — Reden und Vorträge bei Gelegenheit der Feier der Grundsteinlegung der evangel. Kirche zu Barr. Schlettstadt 1850, in-8°, 23 p. Avec la vue de l'église.

45 **Bartholmess, Christian.** — Matter. La vie et les travaux de Christian Bartholmess. Discours prononcé le 11 Nov. 1856. Strasb. 1856, in-8°, 43 p., br.

46 **Baum, Jean-Guillaume.** — Baum, Math., geb. Böckel. Ein protestantisches Charakterbild aus dem Elsass. 1809—1878. Bremen 1880. in-8°, 171 p., br.

47 **Baur, Joh. Wilh.** Métamorphoses d'Ovide. (J. G. Baur est né à Strasbourg en 1600 ou 1610). Vienne 1641—1648. 150 planches gravées, in-4° oblong, demi-rel. parch. mod., tr. bleues. Av. explications ms. pour chaque planche. (Taches de rousseur, titre et dernière pl. recollés).

48 — Oeuvres — Une collection comprenant portrait et 500 ill. et grav. de ce maître éminent: Costumes, Vedute di Giardini, paysages, marines, Caprici di varie Battaglie, illustr. pour Ovide, grandes pièces de batailles, etc. etc. Superbes épreuves soigneusement montées sur Cartridge paper, rel. en un album gr. in-fol., rel maroquin rouge, filets d'or sur les plats et dans l'intérieur des couvercles, tranches dorées (par Kalthoeber), dans un étui en perc. représ. une reliure. Exemplaire provenant de la collection Beckford, Hamilton Palace library, portant sur le dos le millissime 1636.

49 **Bebel, Balthasar.** — Horning, W. Dr. Balthasar Bebel, Professor der Theologie und Münsterprediger zu Strassburg, im 17. Jahrhundert. Strassburg 1886, gr. in-8°, VII—66 p., br. Av. 1 portrait.

50 **Benoit, A.** Essai sur les limites du diocèse de Strasbourg dans le départ. de la Meurthe. (Extr.) Nancy 1869, in-8°, 60 p., demi-rel. perc. Av. 1 carte.

51 — Recueil de quelques inscriptions lapidaires des bords de la Sarre. (Anciens départements de la Meurthe, du Bas-Rhin, de la Moselle et de la Sarre). (Extrait de la „Revue d'Alsace"). Mulhouse 1873, in-8°, 23 p., demi-rel. perc.

52 — Essai historique sur le divorce en Alsace-Lorraine (1792—1815). Mulhouse 1881, in-16, 19 p., cart.

53 **Benoit, L.** La pierre tombale d'Arnould Souart, bailli du prince de Vaudémont, mort en 1698. (Extr. des „Mém. de la Soc. d'Arch. lorr.") Nancy 1863, in-8°, 16 p., demi-rel. toile. Av. 1 pl.

54 — La pierre tombale de Mathias Kilburger (1621). (Extr. des mêmes „Mémoires"). Nancy 1861, in-8°, 6 p., demi-rel. toile. Av. 1 pl. lith.

55 **Benoit, Louis.** — (L e p a g e, H.) Louis Benoit, Bibliothécaire en chef de la ville de Nancy. 1826—1874. Sarrebourg (1875), in-8°, 16 p., demi-rel. toile.

56 **Berger-Levrault, O.** — C a t a l o g u e d e s A l s a t i c a de la Bibliothèque de Oscar Berger-Levrault. Ire édit. Nancy 1883. 2 part. in-8°, br.

57 — — Le même, sur papier de Hollande. 2 parties, br.

58 — — Le même. 2e édit. Nancy 1886. Incompl. Epreuves imprimées d'un seul côté.

59 **Berggesetz** und Gesetz die Besteuerung der Bergwerke betreffend. — Lois sur les mines etc., du 16 Décbr. 1873. (Texte all. et franç.) Strasbourg (1875), in-12, 147 p., cart.

60 **Beschreibung (Statistische)** von Elsass-Lothringen. I. Abtlg. Strassb. 1878, gr. in-8°, 184 p., demi-rel. veau, non rogné.

61 **Bibliographe alsacien (Le).** Gazette littéraire, historique, artistique. (Publié p. C h. M e h l). 1862 à 1869. (Collection complète). Strasbourg, 4 vol. in-8°, demi-rel. perc.

62 **Bigorie de Laschamps, F. de.** Du Jury en matière criminelle. Colmar et Paris 1863, in-12, 211 p., br.

63 **Billing, Sigismond.** — N o t i c e b i o g r a p h i q u e sur M. Sigismond Billing. Mort à Paris en septembre 1832. (Franç. et allemand). Mulhouse s. d., in-8°, 13 p., br.

64 **Bischwiller.** — I. Des charges de l'hospice civil au profit du culte protestant. — **II.** Situation de la fabrique protestante. — **III.** De la prétendue dotation du collége. Strasbourg 1849. 3 brochures in-8°.

65 —L u r o t h, Dr. L'administration municipale de Bischwiller à partir de l'année 1840. Bischwiller 1864, gr. in-8°, XII—348 p., demi-rel. toile.

66 **Blanc, Félix.** — A r b o i s d e J u b a i n v i l l e, H. d'. Félix Blanc (archiviste à Colmar). (Extrait). S. l. n. d., gr. in-8°, 5 p. (p. 146—150), cart.

67 **Blessig, Jean-Laurent.** — F r i t z, C. M. Leben Dr Joh. Lorenz Blessig's. Strassburg 1818, 2 parties en 1 vol., in-8°, XVI—277—344 p., cart. Av. portr. gravé par C. Guérin.

68 **Boeckel, Théodore.** — S p a c h, L., Théodore Boeckel. (Extr. de „l'Impartial du Rhin"). Strasbourg (1869), in-8°, 16 p., br.

69 **Bofftzheim.** — S a n d h e r r. Mémoire pour la fabrique de l'église protestante de Bofftzheim contre la fabrique de l'église catholique.

70 **Bonvalot, Ed.** Le tiers-état d'après la charte de Beaumont, et ses filiales. Paris 1884, gr. in-8°, XXV—557—88 p., demi-rel. chagr., tête dorée, non rogné. (Tiré à 50 exempl. sur pap. de Hollande).

71 **Breitenstein.** — B e n o i t, A. Le Breitenstein (Grande pierre). (Les Druides, l'Empereur Frédéric III, le général Hoche). Extr. des „Mémoires de l'acad. de Metz". Metz 1883, in-8°, 11 p., br. Av. 1 carte.

72 — — Même plaquette, cart.

73 **Brendel, Fr. Ant.** — I n g o l d, A. M. P. Documents inédits sur Brendel, Evêque constitutionnel du Bas-Rhin. S. l. n. d., in-8°, 8 p., br.

74 **Brentel, Frédéric. — (Pompe funèbre de Charles III, duc de Lorraine). Dix grandes Tables,** contenantes les pourtraictz des ceremonies, honneurs et pompe funebres, faitz au Corps de feu Serenissime Prince Charles 3e du Nom, par la grace de Dieu 63e Duc de Lorraine et 30e Marchis, Duc de Calabre, Bar, Gueldres, Marquis du Pont-à-Mousson . . . etc. à ses obseques et funerailles: tant en aucunes chambres et sales de l'Hostel Ducal, qu'ez Eglises de S. George et de S. François à Nancy, depuis le 14e May 1608 qu'il deceda, jusques au 19e Juillet suiuant, jour de son enterrement. Ce qui est outre la pompe funebre du convoy, faict aussi lors au transport dudit

Corps ausdites Eglises, et figuré en **48 Tables,** dont **Claude de la Ruelle** jadis Conseiller Secretaire d'Estat . . . . . est Inventeur, ensemble desdites dix grandes Tables, lesquelles il dedie et consacre à Mondit Seigneur le Duc Henry . . . . Plus est adjousté à chascune desdites dix grandes Tables, vne description en deux langues, Latine et Françoise, de ce qu'y est pourtraict. — S. l. n. d. (Nancy, vers 1611). — **L'ordre tenv au marcher,** parmy la ville de Nancy capitale de Lorraine, à lentrée en icelle du serenissime Prince Henri IIe du nom . . . . . : le XX apvril 1610 pour son Duché de Lorraine. (Suite de **12 planches** gravées par **Mathaeus Meryan,** d'après les dessins de **Claudius de la Ruelle.**) — **Comme son Altesse de Lorraine** Monseigneur le Duc Henry second du Nom va a l'Eglise, y convoye, tant par les Evesques et les Princes de son sang, que par les Comtes, Barons, Seigneurs . . . . . de son Estat et Maison estans en Cour, et tous icy sans tenir rang. (Suite de 4 **planches** gravées par **Fr. Brentel,** d'après les dessins de **Cl. de La Ruelle,** et imprimées par **Herman de Loye** à Nancy, en May 1611). — **La Ville de Nancy,** Capitalle de Lorraine pourtraicte au vif comme elle est ceste année 1611. (Plan gravé par **Fr. Brentel,** d'après **Cl. de La Ruelle).** 1 vol. in-fol., rel. veau ant. granité, tr. rouges.

Livre précieux et rare et qu'il est plus rare encore de rencontrer aussi beau d'épreuves et de conservation et aussi complet que celui-ci. La Pompe funèbre contient 58 planches gravées à l'eau-forte par Fr. Brentel, artiste strasbourgois, sur les dessins de Cl. de La Ruelle et Jean de La Hière. Les deux autres suites ne sont pas moins rares et moins curieuses que les obsèques de Charles III.

75 **Briefe über das Elsass.** Besonders in Hinsicht der wissenschaftlichen Kultur, der religiösen Aufklärung und des Patriotismus. Nach der franz. Revolution, 1792, in-18, 285 p., rel. parch. vert, tr. rouges. (Rare).

76 **Brisach (Vieux).** — Informazione die L. F. Marsilii sopra quanto gli e accaduto nell' affare della resa di Brisacco. S. l. n. d. (1702 ou 1703), in-4°, 45 p., cart. Av. 3 plans (Extrêmement rare).

77 — Quincy, L. D. C. H. D. Mémoires sur la vie de Mr le comte de Marsigli. Manifeste du comte touchant l'affaire de Brisach (Reddition de Vieux-Brisach au duc de Bourgogne 1703). Zuric 1741. 4 vol. in-24, pl. rel. bas., dos orn. (Cachet sur les titres).

78 **Brodbeck, Th.** — Mayer. Plaidoyer pour Mr Th. Brodbeck, curé de Muttersholtz et Baldenheim. Strasb. 1843, in-8°, 51 p., cart. demi-perc.

79 — Thieriet. Plaidoyer pour le curé de Muttersholtz et de Baldenheim, contre le Journal d'Alsace. Strasb. 1843, in-8°, 72 p., cart. demi-perc.

80 **Bruch, Jean-Frédéric.** — Gerold), Th. Johann Friedrich Bruch. Seine Wirksamkeit in Schule und Kirche, 1821—1872. Aus seinem handschriftl. Nachlasse herausgegeben. Strassburg 1890, in-8°, VII—103 p., br.

81 **Brully, Pierre.** — Reuss, Rod. Pierre Brully, ancien dominicain de Metz, ministre de l'église française de Strasbourg, 1539—1545. Etude biographique. Strasbourg 1878, in-8°, 135 p., demi-rel. perc.

82 **Bucer, Martin.** — Erichson, A. Martin Butzer, der elsässische Reformator. Zu dessen 400jähriger Geburtsfeier. Strassburg 1891, in-12, 76 p., br., non rogné. Av. portr.

83 — — Même ouvrage. 3e édit., br., rogné.

84 **Bussierre, M. Th. de.** Histoire du développement du protestantisme à Strasbourg et en Alsace, depuis l'abolition du culte cathol. jusqu'à la paix de Haguenau (1529 à 1604). Strasbourg 1859. 2 vol. in-8°, demi-rel. perc.

85 **Calvin, Jean.** — Viguié, A. Calvin à Strasbourg (Conférence faite à Strasbourg, le 15 Mars 1880). Paris 1880, in-16, 38 p., demi-rel. perc.

86 **Canaux et Rivières.** — Berichte der französ. Präfecten und Ober-Ingenieure über den Stand der Wasserbau-Verwaltung in Els.-Lothr. f. d. J. 1870. Strassburg 1873, in-8°, 97 p., demi-rel. cuir. (Texte franç.)
87 — Bilistein, Ch. L. A. de. Essai de navigation lorraine, traitée relativement à la Politique, au Militaire, au Commerce intérieur et extérieur etc. Amsterdam 1764, in-18, 184 p., demi-rel. anc. Très rare. (Feuille L fortement tachée).
88 — Denkschrift betreffend die Möglichkeit einiger Verbesserungen der in Elsass-Lothringen bestehenden Gesetzgebung hinsichtlich der Unterhaltung der Wasserläufe, der Deichungen etc. Strassburg 1873, in-4°, 71 p., br.
89 — Etablissement de pisciculture de Huningue. Atlas des bâtiments et appareils. Strasb. 1868. Atlas gr. in-fol. de 8 pl. montées sur toile, rel. perc.
90 — Extrait des minutes du greffe de la justice de paix du canton de Wintzenheim (relat. au canal de la Fecht). Colmar 1876, in-8°, 13 p., demi-rel. toile.
91 — Moulins du canal de la Bruche. 1742—1759. 3 pièces manuscrites in-fol.
92 **Cantiques (Livres de).** — **Bâle.** — Gesang-Büchlein, oder Auszug schöner geistlicher Liedern. Basel 1729, in-12 étroit, cart. (Exempl. incomplet).
93 — **Mulhouse.** — Auserlesene, teils alte, teils neue Fest-Nachtmahls- und andere Gesänge, zum Gebrauch der Kirche zu Mülhausen. Basel 1781, in-18 étroit, 196—16 p., cart.
94 — **Strasbourg.** — Gesangbuch zur Beförderung der öffentlichen u. häuslichen Andacht. Auf Verordnung des Directoriums Augsburgischer Confession zu Strasburg neu herausgegeben. Strasburg 1808, in-16, demi-rel. cuir ord.
95 — — — Même ouvrage, même édit. Pl. rel. cuir, plaque spéc., tr. dor.
96 — — Psaumes et cantiques pour servir à l'édification publique et particulière. Strasbourg 1841, in-16, cart. (Incomplet des p. 361—62).
97 **Catalogues d'Alsatiques** et autres, à prix marqués, de librairies alsaciennes et bâloises. 35 pièces diverses.
98 — Ventes Braunwald, Burgaud des Marets, Busch, Emmery, Fries, Hugueny, Möhler, Roissac, Stoeber et Villot.
99 — Germain, Léon. Bibliographie. Compte rendu de la „Réunion des Beaux-Arts", années 1877—92. (Extrait des „Annales de l'Est"). Nancy 1893, in-8°, 22 p., cart.
100 **Catéchismes.** — Engel, Matthias. Timotheus, oder Der in seinem Glauben unterrichtete, befestigte, tugendhafte und selige Christ. Ein Lehr- u. Erbauungsbuch. Colmar 1808, in-16, VIII—431 p., cart.
101 — Katechismus der christl. Lehre zum Gebrauche der evang. Jugend in dem Elsass und deutschen Lothringen. Strassb. 1838, in-8°, XVI—115 p., cart.
102 — Réfutation de la doctrine émise dans le rapport de la commission de catéchisme ... Strasb. 1856, in-8°, 79 p., cart. demi-perc.
103 **Charles X.** — Spoor, Phil. Reinhardt. Rede am Tage der Salbung S. M. Karl's X., Königs von Frankreich. Auf einer freyen Anhöhe bei Durstel (im Nieder-Rheinischen Departement) gesprochen. 2. Aufl. Zabern s. d., in-8°, 16 p., cart.
104 — Kurze Uebersicht der Reise des Königs durch das Elsass. Anhang zum Strassburger hinkenden Boten. Strassburg (1828), in-4°, 4 p., cart.
105 **Châtenois.** — Gugenheim, G. Châtenois! Poésie lue au concert donné le 27 août 1879, vendue au profit des victimes de ce village incendié. Nancy 1879, in-8°, 7 p., br.

106 **Châtenois.** — Reisser, G. Les bains de Châtenois. Etude historique et scientifique. Mulhouse 1875, in-8°, 75 p., br.

107 **Chauffour, Ign.** Aux Electeurs du Haut-Rhin. Paris 1848, in-8°, 16 p., demi-rel. rouge.

108 — Usages locaux constatés en 1855 dans le Haut-Rhin. (Extr. du „Recueil des arrêts de la Cour imp. de Colmar"). Colmar 1856, in-8°, 36 p., demi-rel. toile.

109 **Cauffour, Ignace.** — Catalogue de la bibliothèque Chauffour. Dressé par ordre du Conseil municipal de Colmar par André Waltz, bibliothécaire de la ville. Manuscrits et imprimés. Colmar 1889, in-8°, LIX—769 p., demi-rel. veau grenat, tête dorée, non rogné.

110 **Chemins de fer et Routes.** — Bazaine, P.-D. Chemin de fer de Strasbourg à Bâle inauguré le 19 et 20 septembre 1841. Notes et documents historiques. (Bulletin spécial de la Soc. ind. de Mulhouse). Paris 1892, gr. in-8°, 156 p., cart. Avec 1 portr. et 1 carte.

111 — Chemins de fer vicinaux projetés en 1858 et livrés à l'exploitation en 1864 dans le département du Bas-Rhin. Recueil des documents officiels etc. Strasbourg 1865, gr. in-8°, XXI—664 p., demi-rel. chagr. rouge fatiguée, dos orné.

112 — Chevalier, Michel. Lettres sur l'inauguration du chemin de fer de Strasbourg à Bâle. Paris 1841, in-8°, 124 p., demi-rel. perc.

113 — Considérations à l'appui de la création d'un raccordement à travers la chaîne des Vosges des chemins de fer de Schlestadt à Sainte-Marie-a.-m. et de Saint-Dié à Lunéville. Strasbourg s. d., in-4°, 8 p., br. Av. 2 cartes.

114 — Plan d'une communication entre Villé et Saint-Dié, dressé par Doré, en 1838. Copie calquée montée sur papier et pliée in-8°, cart.

115 — Suzor, J. de. Inauguration du chemin de fer de Strasbourg à Bâle. Récit détaillé des fêtes célébrées à Mulhouse et à Strasbourg. Strasbourg 1841, in-18, 144 p., demi-rel. perc.

116 **Colani, Timothée.** — Discours prononcés à l'occasion de l'installation de Mr Timothée Colani, comme pasteur à l'église protestante de St.-Nicolas, le 1r Juin 1862. Strasbourg 1862, in-8°, 20 p., br.

117 **Colmar.** — Albrecht, Dr. Karl. Deutsche Könige und Kaiser in Colmar (Friedrich III., Maximilian I. und Ferdinand I.) Nach gleichzeitigen Aufzeichnungen im Colmarer Stadtarchiv. Colmar 1883, in-4°, 45 p., br.

118 — Bibliothèque de la Société d'histoire naturelle de Colmar. (Catalogue). Colmar 1869, in-8°, 103 p., br. — Le même, 2e édit., 1878, in-8°, 116 p., br.

119 — Bulletin de la Société d'histoire naturelle de Colmar. Années 1 à 29 et Nouv. Série T. 1 à 3. Colmar 1860—1896. En 14 vol. demi-rel. toile, à grandes marges, et 4 vol. brochés.

120 — Chauffour, J. Note sur l'appel émis par la ville de Colmar. (Canal du Logelbach). Colmar 1874, in-4°, 32 p., demi-rel. perc.

121 — Chronique des incendies à Colmar et les environs, de 1731 à 1791. (Publiée par J. Liblin d'après les notes de S. Billing.) Colmar 1859, in-8°, 24 p., br.

122 — (Dietrich, J.) Rapport sur des antiquités trouvées aux environs de Colmar. (Extrait du „Bull. de la Soc. . . . des Mon. hist.") Strasbourg 1868, gr. in-8°, 11 p., cart. Av. 1 planche. (Taches de rousseur).

123 — (Gérard, Ch.) Nomenclature des voies publiques de la ville de Colmar. Colmar 1872, in-8°, 35 p., br.

124 — Gérard, Ch., et J. Liblin. Les annales et la chronique des dominicains de Colmar. Colmar 1854, in-8°, XVII—367 p., demi-rel. chagrin rouge.

125 **Colmar.** — H i l d, J. C h. Essai sur les origines du protestantisme à Colmar. (Thèse). Strasbourg 1865, in-8°, 35 p., demi-rel. perc.

126 — H i t s c h l e r, J. C h. Predigt bei der Säcular-Feier der Reformation, gehalten zu Colmar den 1. November 1817. Colmar 1817, in-12, 24 p., cart.

127 — L e t t r e s p a t e n t e s du Roy, portant règlement pour le Collège de Colmar, du 6 Sept. 1765. Colmar 1765, pet. in-4°, 12 p., demi-rel. toile.

128 — M o s s m a n n, X. Contestation de Colmar avec la Cour de France (1641—1644). (Extr. de la „Revue de l'Est"). Colmar 1869, gr. in-8°, 27 p., cart. demi-perc.

129 — — Les origines du théâtre à Colmar. Colmar 1878, in-8°, 17 p., pap. chamois, demi-rel. toile.

130 — — Le Moulin des Trois-Tournants. — L'Hôtel de Corberon. Deux études. (Extr. du „Journal de Colmar"). Colmar 1886, in-8°, 39 p., br. Av. 1 grav.

131 — **Ordonnances.** — F e u e r - O r d n u n g der Stadt Colmar. S. l. 1752, in-fol., 11 p., br.

132 — — M u n i c i p a l S t a d t R e c h t (Der Löbl. Stadt Colmar). S. l. n. d. (18e siècle), in-fol., IV—118 p., demi-rel. veau.

133 — — R e c u e i l d e s a r r ê t é s m u n i c i p a u x de Colmar, concernant la police locale, publ. sous l'administr. de Mr H. de Peyerimhoff. Colmar 1861, gr. in-8°, IV—182 p., demi-rel. perc.

134 — P r o p o s i t i o n s - P u n c t e n, So den 12. 22. Tag Martij 1664. von Ihr. Fürstl. Gn. Herrn Duc Mazarin . . . . allhie zu Colmar vorgetragen, und durch Herr Baron von Hunoltstein abgelesen worden. S. l. 1664, pet. in-4°, 8 p., br. (Rare).

135 — R e i s e - A u f n a h m e n der Studirenden der Architektur an der Kön. Technischen Hochschule zu Aachen, unter Leitung der Prof. Ewerbeck und Henrici: Trier und Colmar (nebst Umgebung). Lpzg. s. d. 1 vol. gr. in-fol., 16 et 34 pl. Av. texte explicatif, br.

136 — S c h n e i d e r, J e a n - B a l t h a s. Apologia civitatis Colmariensis, Darin vorderist so woln dess Heil. Röm. Reichs Freyer: vnd Reichs-Stätt ohnmittelbarer Standt . . . . . ., bewiesen, vnd für Augen gestelt wird, etc. Colmar 1645, pet. in-4°, 367 p., demi-rel. bas., tranches rouges. (Incomplet du frontispice).

137 — U r s t e i s. Annales des Dominicains de Colmar, publiées en MDXXCIV, trad., comm. et augm. par L. W. Ravenèz. Colmar 1846—1847, in-8°, 82 p., cart. demi-toile.

138 **Commerce, Industrie, Impôts.** — Un lot de 18 Numéros en 31 volumes et brochures: Rapports d'expositions et autres, ouvrages de A. L a l a n c e, L. L a n t z, L. L e f é b u r e, X. M o s s m a n n, A. P e n o t, Z i c k e l - K o e c h l i n etc.

139 **Concordat und vollständige Sammlung** der Aktenstücke die neue Organisation des christlichen Gottesdienstes in der Republik Frankreich betreffend. Heft 1 u. 2. Strassburg, s. d. (1802), in-8°, 136 p., br.

140 **Congrès scientifique de France.** Dixième session tenue à Strasbourg en Sept. et Octobre 1842. Strasbourg 1843. 2 vol. in-8°, cart. Avec quelques planches lith.

141 **Conseil général du département du Haut-Rhin.** Sessions 1854, 1856 à 1865. Colmar. 11 vol. in-8°, br.

142 **Conseil souverain d'Alsace.** — B a l l e t. Conférences sur les ordonances, les principes du droit romain, et la jurisprudence des arrêts du Conseil souverain d'Alsace. Colmar 1788, in-8°, 24—644 p., cart.

143 **Conseil souverain d'Alsace.** — Boug, de, Recueil des édits, déclarations, lettres patentes, arrêts du Conseil d'Etat et du Conseil Souverain d'Alsace, ordonnances et règlemens concernant cette province. 1657—1770. Colmar 1775. 2 vol. in-fol., rel. bas. anc., dos ornés, tr. rouges. (Bel exempl.)

144 — Extraits des registres du Conseil souverain d'Alsace. 6 pièces in-4°. Colmar 1789 et 1790.

145 **Constant, Benjamin.** Opinion sur le projet de loi relatif à la fabrication et à la vente exclusive du Tabac. Chambre des Députés, séance du 18 Mars 1829. Paris 1829, in-8°, 54 p., demi-rel. perc.

146 **Coste, A.** L'Alsace romaine. Etudes archéologiques. Mulhouse 1859, in-8°, 135 p., demi-rel. perc. Av. 2 cartes.

147 **Coste, Pierre.** Histoire de Louis de Bourbon, second du nom, prince de Condé. Contenant ce qui s'est passé en Europe depuis 1640, jusques en 1686 inclusivement. 3e édition. La Haye 1748. 2 tomes en 1 vol. in-4°, 394 p. avec préf., avertissement et table des matières, pl. rel. veau anc. Av. 1 portr.

148 **Costumes.** — Lallemand, Charles. Les Paysans badois. Esquisse de moeurs et de coutumes, texte et dessins. Strasb. s. d. Un vol. gr. in-4°, 32 p., demi-rel. chagr. brun. Av. 16 pl. color., 1 carte, et fig. dans le texte.

149 **Couvonge, M. de.** — Benoit, A. Mr de Couvonge de la maison de Stainville. (Extr. des „Mém. de la Soc. d'Arch. lorr.") Nancy 1875, in-8°, 16 p., demi-rel. perc.

150 **Dabo.** — Benoit, Arthur. Le Schnéeberg et le comté de Dabo en 1778. Etude sur les montagnards vosgiens par un professeur allemand. Strasbourg et Colmar 1878, gr. in-8°, 36 p., broché.

151 **Dagobert (le Roi).** — Coccius, Jodocus. Dagobertus rex Argentinensis episcopatus fundator praevius. Molshemii 1623, in-4°, 262 p., plus préface, index et epitome, demi-rel. veau. tranches dorées. (Très rare).

152 **Danckrotzheim, Conrad.** — Hanauer, A. Conrad Danckrotzheim et le Heilig Namenbuch. (Extr. de la „Rev. cathol. d'Alsace"). Rixheim 1896, in-8°, 23 p., br.

153 **Déclaration du Roy,** servant de règlement pour la Perception des Droits de Péages . . . . pour toutes les Marchandises qui entrent et sortent de la haute et basse Alsace, (du 12 Janv. 1663) Texte franç. et allemand. Strasbourg, chez Guill. Schmouck, 1739, pet. in-fol., 19 p, cart.

154 **Degermann, J.** Une ancienne source de bitume en Alsace. (Tirage à part du „Bull. de la Soc. d'hist. nat. de Colmar"). Colmar 1894, in-8°, 3 p., br. (2 exempl.)

155 **Délégation d'Alsace-Lorraine.** — Imprimés de la délégation d'Alsace-Lorraine. 5e à 9e sessions. 1878 à 1882. Strasb., 5 vol. in-4°, dont 1 br. et 4 cart.

156 **Desgrandchamps, P. X.** — Thiessing, Dr. P. X. Desgrandchamps, ancien notaire à Ferrette. Notice biographique et littéraire. Poésies. Mulhouse 1880, in-8°, 52 p., demi-rel. perc.

157 **Deux-Ponts.** — Observations très-importantes, pour la maison palatine de Deux-Ponts. S. l. ni d., de l'Imprimerie ducale, in-4°, 8 p., br.

158 **Deux-Ponts, Agnès Comtesse de.** — Thilloy, J. Agnés, Comtesse de Deux-Ponts, dame de Bitsche en 1297. (Extr. des „Mém. de la Soc. d'Arch. et d'Hist. de la Moselle"). Metz 1864, in-8°, 36 p., br.

159 **(Dolfuss, Hanss Caspar).** Voyage en France fait en l'an 1663 par Jean-Gaspard Dolfuss. Traduit de l'original allemand par Ernest Meininger. Mulhouse 1881, gr. in-8°, 37 p., br.

160 **Dollfus, Jean.** — Zuber, Ivan. Un chef d'industrie alsacien. Vie de Jean Dollfus. (Extr. du „Bull. de la Soc. ind. de Mulh."). Mulhouse 1888, gr. in-8°, 28 p., br. Av. un portr. en photograv.

161 **Donon.** — Dinago, F. Un Bas-Relief du Donon. Bellicus surbur. Fac-simile inédit d'après le dessin original de la bibliothèque de Saint-Dié. Saint-Dié 1876, in-8°, 4 p., br. Av. 1 planche.

162 **Dorsch, Jean.** — Horning, W. Dr. Johann Dorsch, Professor der Theologie zu Strassburg im 17. Jahrhundert. Ein Lebenszeuge der lutherischen Kirche. Strassburg 1886, gr. in-8°, IX—198 p., br.

163 **Drion, Ch.** Observations sur plusieurs questions d'organisation de l'Eglise protestante. Strasbourg 1845, in-8°, 54 p., demi-rel. toile.

164 — Histoire chronologique de l'église protestante de France jusqu'à la révocation de l'édit de Nantes. Strasbourg 1855. 2 vol. in-12, demi-rel. perc.

165 **Dujardin, A.** Des Sociétés commerciales en Alsace-Lorraine. (Extr. de la „Revue prat. de Droit franç.") Paris 1873, in-8°, 91 p., br.

166 **Duval, Valentin Jamerai.** — (Koch). Oeuvres de Valentin Jamerai Duval, précédées des mémoires sur sa vie. St.-Pétersbourg et Strasb. 1784. 2 vol. in-8°, br., non rognés. Avec vignettes grav. par Guérin. (Le portrait manque). (Grandes taches d'eau).

167 **Echery.** — Degermann, J. Le Monastère d'Echery au val de Lièpvre. Tirage à part du „Bull. de la Soc. p. la Conserv. des monum. hist. d'Alsace"). Strasbourg 1895, gr. in-8°, 42 p., br. Pap. de Hollande. (2 exempl.)

168 — Mühlenbeck, Eug. Réponse à l'exposé des motifs publiés par le syndicat d'Echery. Sainte-Marie-a.-m. 1876, in-8°, 30 p., br. (2 exemplaires).

169 **Echo musical d'Alsace (L'). — L'Echo artistique d'Alsace.** 1re à 4e années. Mulhouse. Janv. 1884 au 10 Avril 1887 (fin de la publ.). 4 vol. in-4°, cart. demi-perc.

170 **Edict dv Roy** pour l'observation de la déclaration du clergé de France, du 19 Mars 1682, touchant la puissance ecclésiastique. A la Villeneuve saint Loys les Brisac 1682, pet. in-4°, 7 et 8 p., demi-rel. parch.

171 **Eggs, le Dr. d'.** — Obsèques de Mr le Dr d'Eggs, décédé le 15 Décb. 1878. (Extr. de la „Gazette médicale"). Strasbourg 1879, in-8°, 8 p., br.

172 **Ehrenberg, Fr.** In die Vogesen! Veröffentlicht und dargeboten durch den Vogesenhotelbesitzer-Verein. Strassburg 1888, in-12, 159 p., br. Mit 44 Illustrationen von Ottomar Weymann und A. Touchemolin. Nebst 1 Karte.

173 **(Ehrmann, Th. Fr.)** Briefe eines reisenden Deutschen an seinen Bruder in H***. (Ueber Strassb.: p. 73 à 413). Frankfurt u. Leipzig 1789, in-12, XVI—480 p., cart., tr. rouges. (Très rare).

174 **Eissen, Ed.** — Eissen, Ed. Réponse au citoyen Non Fanjat, ex-commissaire général dans les départements du Haut- et du Bas-Rhin. Strasbourg 1848, in-8°, 16 p., cart.

175 — Fanjat, N. Au citoyen Ed. Eissen, ex-délégué à la gestion de l'administration du département du Bas-Rhin. Strasbourg 1848, in-8°, 24 p., cart.

176 **Engel, Arthur.** Recherches sur la numismatique et la sigillographie des Normands de Sicile et d'Italie. Paris 1882, in-4°, X—112 p., demi-rel. chagr. brun, tête rouge, tr. ébarbées, dans un étui. Av. 7 pl. gravées.

177 **Engel, Arthur.** Documents pour servir à la numismatique de l'Alsace. No. 4: Recueil de bractéates alsaciennes inédites ou peu connues etc. (Extr. de la „Revue d'Alsace"). Mulhouse 1878, in-8°, 23 p., cart. Av. 3 pl. grav

178 **Engel, Ph. Jac.** Zeittafel und Uebersicht der gesammten Biblischen und Kirchengeschichte von den ältesten Zeiten bis auf unsere Tage. Strassb. 1815, in-8°, XVI—52 p., cart.

179 **Ensisheim.** — Brièle, L. Rapport à Mr le préfet du Haut-Rhin sur la première partie du fonds de la régence d'Ensisheim. Colmar s. d. (1861), in-8°, 36 p., pap. fort, sans titre, demi-rel. cuir rouge.

180 **Enzinas, Francisco de.** Mémoires. Texte latin inédit avec la traduction française du XVIe siècle en regard. 1543—1545. Publiés av. notice et annotations par Ch. Al. Campan. Bruxelles 1862—1863. 3 vol. in-8°, demi-rel. chagr. noir, non rognés.

181 **Epinal.** — Inventaire historique des Archives anciennes de la ville d'Epinal, rédigé par Ch. Ferry. Publié par l'Administration municipale. T. II, III 1 et 2, V. (Séries BB, CC et DD). Epinal 1885 à 1890. 4 vol. in-8°, br.

182 **Epitome Antiphonarii romani** continens omnes totius anni vesperas dominicales et festinales. Argentorati 1821, in-fol., X—227 p., pl. rel. veau ant., dos orné, tranches rouges. (2 exemplaires.)

183 **Erstein.** — Bernhard, Jos. Histoire de l'abbaye et de la Ville d'Erstein, (publ. par J. Burg.) Rixheim 1883, in-8°, VIII—200 p., br.

184 **Examen des effets** que doivent produire dans le commerce de France, l'usage et la fabrication des Toiles peintes. Genève et Paris 1759, in-8°, III—240 p., rel. maroq. aux armes du Dauphin, dos orné, tr. dor. (Rel. fatiguée). Ouvrage très rare.

185 **Fabert, le maréchal de.** — Bourelly, J. Le maréchal de Fabert. Etude historique d'après ses lettres et des pièces inédites. 3e édit. Paris 1881. 2 vol. in-16, br. Av. 1 portr.

186 **Faudel, le Dr.** Bibliographie alsatique, comprenant l'histoire naturelle, l'agriculture . . . de l'Alsace. 2e supplément. Colmar 1877, in-8°, 44 p., br.

187 **Feierklänge (Einige)** zum Einläuten des dritten Jubiläums der reformirten Kirche von Frankreich. 29. Mai 1859 (en vers). Weissenburg s. d., in-18, 16 p., cart.

188 **Fénétrange.** — Benoit, L. La chapelle castrale de Fénétrange. (Extr. des „Mém. de la Soc. d'Arch. lorr.") Nancy s. d. (1861), in-8°, 57 p., demi-rel. toile.

189 — — Notice sur l'église de Fénétrange. (Extr. des mêmes Mémoires). Nancy s. d. (1868), in-8°, 25 p., demi-rel. toile.

190 **Flamant, Pierre-René.** — Varlet, Ch. L. Eloge historique de Pierre-René Flamant, professeur d'accouchements, etc., à Strasbourg. Saint-Dié 1833, in-8°, 46 p., br.

191 **Foy (le Général).** — Stoeber, Ehr. Relation des fêtes données au Général Foy, lors de son séjour à Strasbourg. Basle 1821, 16 p., br.

192 **Franc-Maçonnerie.** — Erwinia. Feuille de correspondance maçonnique. Maurerisches Korrespondenz-Blatt. T. I et II. Strasbourg 1846—1847. 1 vol. in-8°, demi-rel. chagr.

193 — Kaeppelin, R. Homme et nature ou rang, destinée, progrès etc. de l'humanité dans l'ordre universel. 4e édit. Paris 1867, in-8°, VIII—175 p., br.

194 — Travaux de la loge Alsace-Lorraine. Première série. Paris 1875, in-12, 155 p., br.

195 **Frantz, Joh.** Feudorum ambachtae in Alsatia primae lineae. (Thèse). Argentorati 1787, in-4°, 30 p., cart. (Rare).

196 — Alsatia litterata sub Celtis, Romanis, Francis. 1782. 44 p. — Alsatia litterata sub Germanis saeculo IX et X. 1786. 27 p. (2 thèses, dont la première sans titre).

197 **Fribourg (Bade).** — Führer durch Freiburg, Breisgau, und seine Umgebung. (Freiburg 1881), in-18, 66 p., br. Av. plan, carte et vues.

198 **Fririon, Joseph François.** — Notice biographique sur Mr le général, baron Fririon, commandeur de la Légion d'honneur, (par son fils). St.-Etienne 1853, in-8°, 86 p., demi-rel. perc.

199 **Gellée, Claude, dit le Lorrain.** — Eaux fortes de Claude le Lorrain. Reproduites et publiées par Amand-Durand. Texte par G. Duplessis. Paris s. d., in-fol., 7 p. de texte et 44 planches. Rel. de luxe, pl. mar. rouge, dos et plats orn., tête dorée, non rogné, dans un étui en demi-rel. chagr. rouge, av. titre.

200 **Gérardmer.** — Jacquel, l'abbé. Essai d'un itinéraire historique et descriptif du canton de Gérardmer (Vosges) 2e édition. Paris et Mirecourt 1865, in-12, 198 p., rel. toile.

201 — Lepage, H. Notice historique et descriptive de Gérardmer, avec une carte du territoire de cette commune par Prosper Antoine. (Extr. des „Annales de la Soc. d'Emul. des Vosges"). Nancy 1877, in-8°, 105 p., br.

202 **Gerhardt, Ch.-Fréd.** — Chancel, G. Charles-Frédéric Gerhardt, sa vie et ses travaux. Montpellier 1857, in-8°, 19 p., br. (Rare).

203 **Geroldseck (la Maison de).** — (Reinhardt, J. Jac.) Pragmatische Geschichte des Hauses Geroldseck, wie auch derer Reichsherschaften Hohengeroldsek, Lahr und Mahlberg in Schwaben. Mit CCXIII Urkunden, einigen Kupfern und zweien Registern. Frankfurt und Leipzig 1766, in-4°, VIII—175—472 p., pl. rel. veau anc., dos orn., tranches rouges.

204 **Gesetzblatt für Elsass-Lothringen.** Jahrg. 1871—1881. Berlin u. Strassburg, cart. en 7 vol. in-4°.

205 **Gesetze, Verordnungen und Verfügungen,** betreffend das niedere Unterrichtswesen in Elsass-Lothringen. — Lois, ordonnances et instructions réglementaires sur l'enseignement primaire élément. en Alsace-Lorr. I. Strasbourg 1875, in-8°, 111 p., cart. demi-perc.

206 **Giftpflanzen, die, des Elsasses.** Durch einen hiesigen Lehrer-Verein zum Druck befördert. Strassburg 1825, in-18, 46 p., br. Av. 37 pl. lith.

207 **Goldenberg, Alf.** Des devoirs de l'état envers les populations forestières. Strasbourg 1870, in-8, 136 p., br.

208 **Goethe, J. W. von.** Mon Journal. Traduit par un Strasbourgeois (Jules Froelich). Nancy 1881, in-8°, VII—17 p., pap. vergé, demi-rel. veau bleu, av. coins, tête bleue, couv. cons. Av. vignettes et encadrements.

209 **Grad, Charles.** — Cetty, l'abbé H. Un Alsacien. Vie et oeuvres de Charles Grad. Colmar 1892, in-12, VI—320 p., br. Av. portr.

210 **Grandidier, Philippe-André.** — Gasser, A. Grandidier est-il faussaire? Paris et Colmar 1898, in-8°, 23 p., br.

211 — Grappin, Dom. Eloge historique de Mr l'abbé Grandidier. Strasbourg 1788, in-8°, 28 p., cart. demi-perc. (Très rare).

212 — Kroeber, A. Correspondance de l'abbé Grandidier et autres documents relatifs à cet historien, à sa famille et à ses ouvrages. (Extrait de la „Rev. d'Alsace"). Colmar s. d. (1866), in-8°, 90 p., demi-rel. perc. (Rare).

213 **Grandvillars.** — Antonin, E. Précis pour J. B. Migeon, propriétaire des forges de Grandvillars, contre Bruat, maire à Grandvillars, et consorts. Colmar 1837, 28 p. Av. 1 plan. (Prise d'eau dans la rivière de l'Allaine).

214 **Grégoire** (l'abbé). — Benoit, Arth. Promenade dans les Vosges par l'abbé Grégoire. Epinal 1895, in-8°, 56 p., br.

215 **Groth, P.** Tabellarische Uebersicht der einfachen Mineralien, nach ihren krystallographisch-chemischen Beziehungen geordnet. Braunschweig 1874, in-8°, 120 p., br.

216 — Ueber das Studium der Mineralogie auf den deutschen Hochschulen. Strassburg 1875, 1 brochure in-8°, 22 p.

217 **Grün, H. B.** — Rosenberg, Dr. M. Hans Baldung Grün. Skizzenbuch im Grossherzoglichen Kupferstichcabinet Karlsruhe. Frankf. a. M. 1889, in-fol., 26 p. de texte et 44 planches photolith., non rel., dans un carton-emboîtage.

218 **Grünewald, Ed.** Recueil des lois relatives au commerce, aux lettres de change et aux associations de l'Alsace-Lorraine. Texte allemand et français. Mannheim et Strasb. 1874, in-16, IX—1000 p., demi-rel. chagr. ord.

219 **Guébriant, la Comtesse de.** — Hagemann, Em. Les aventures de la Comtesse de Guébriant, ambassadeur de Pologne etc. Conférence. Strasbourg 1880, in-12, 32 p., cart. demi-toile.

220 **Guebwiller.** — Bourcart, J. J. Bibliothèque et cours populaires de Guebwiller. Guebwiller 1864, in-12, 48 p., cart. demi-perc. (2 exempl.)

221 — Führer durch Gebweiler und Umgebung. Herausgegeben von der Section Gebweiler des Vogesen-Clubs. Gebweiler 1887, in-18, 32 p., br. Mit Ansichten, Plänen und einem Alpen-Panorama.

222 **Guerre de 1870—71.** — Véron, Eug. La troisième invasion. 154 Eaux-fortes par Mr Aug. Lançon. Paris 1876. 2 vol. gr. in-fol., VIII—209 et 232 p., en 2 portefeuilles toile.

223 **Gunzert, G.** Les livres fonciers d'après les projets de lois soumis à la délégation d'Alsace-Lorraine dans la session de 1885. Rapport présenté à la délégation au nom de la commission spéciale. Strasbourg 1885, in-8°, 127 p., br.

224 — Lois sur le renouvellement du Cadastre en-Alsace-Lorraine du 31 Mars 1884 et sur la péréquation des impôts fonciers du 6 Avril 1892. Texte all. et franç. avec annotations. Strasbourg 1892, in-12, 102 p., cart. orig.

225 **Habsbourg (la Maison de).** — Guillimann, Franç. Habsburgiaca, sive de antiqua et vera origine domus Austriae, etc. Mediolani 1605, in-4°, XII—344 p., rel. parch. anc. Av. quelques armoiries grav. sur bois.

226 — Kopp, Fridolin. Vindiciae actorum Muriensium pro et contra R. D. P. Marquardum Herrgott genealogiae diplomaticae Augustae gentis Habsburgicae auctorum. Monasterij Murensis, typ. J. C. Hiltensperger 1750. 1 vol. in-4°, 320—98 p., plus préf. et index, rel. bas. anc. Av. 2 pl.

227 **Haffner, Isaac.** — Bruch, J. Fr. Predigt am 2. Advent 1851 bei Gelegenheit der hundertjährigen Gedächtniss-Feier des Hrn. Dr. Haffner. Strassburg 1851, in-8°, 16 p., br.

228 — Jubilé du 3 Avril 1830. Viro summe reverendo amplissimo doctissimo illustrissimo Isaaco Haffner etc. Argentorati (1830), in-4°, 11 p., cart.

229 **Haguenau.** — Ellendt, G. De Hagenoa alsatiae inferioris civitate palatina. (Dissertation). Regimonti 1865, in-8°, 38 p., br.

230 **Haguenau.** — Hagenauische Geschicht. Wunderseltzame neue Malerei, erfunden durch 3 Franciskaner-Mönchen zu Hagenau, im Monat September 1653. (Réimpression moderne en 200 exempl.) Strasbourg 1853, in-4°, cart. (No. 137).

231 — Hanauer, l'abbé, A. Diebolt Lauber, et les calligraphes de Haguenau au XVe siècle. (Extrait de la „Revue cath. d'Alsace"). Rixheim 1895, in-8°, 45 p., br.

232 — Moses, Reinhold. Die Religionsverhandlungen zu Hagenau und Worms, 1540 u. 1541. Histor. Abhandlung. Jena 1889, in-8°, VIII —138 p., br.

233 **Hanauer, l'abbé.** Quatre lettres en réponse à Mr Ignace Chauffour. (Extr. de la „Rev. catholique d'Alsace"). Colmar 1866. 2 broch. in-8° de 40 et 16 p.

234 **Hanhofen.** — Mémoire sur le simultaneum au temple de Hanhofen, annexe de Bischwiller. Strasbourg 1856, in-8°, 23 p., cart.

235 **Hartmann (la Famille).** — Hartmann, G. Tableaux généalogiques de l'ancienne famille patricienne Hartmann de Mulhouse, 1390—1890. Mulhouse 1890, in-fol., cart., dos toile. Av. 2 planches.

236 **Hartmann-Liebach.** Voyage dans le nord et dans l'est de l'Europe. Raconté à ses neveux et nièces. Mulhouse 1870, in-8°, X—320 p., demi-rel. chagr. vert.

237 **Heitz, F. C.** Catalogue des principaux ouvrages et des cartes imprimés sur le départ. du Bas-Rhin. Strasbourg 1858, in-8°, 102 p., demi-rel. perc.

238 **Heitz, Frédéric-Charles.** — Zum Andenken an Friedr. Karl Heitz, Buchdrucker und Buchhändler. Strassb. 1867, in-8°, 16 p., br.

239 **Herbitzheim.** — Thilloy, Jules. Herbitzheim. Etude. (Extr. du „Bulletin de la Soc. des Mon. hist.") Strasbourg 1864, gr. in-8°, 31 p., cart. demi-toile. Avec 1 carte lith.

240 **Hering, Eduard.** — Eduard Hering, Ehrenpräsident des Vogesenklubs. Ein Gedenkblatt, herausgegeben vom Vogesenklub Barr. Barr 1894, in-18, 55 p., br. Av. portr.

241 **Herrenschneider, Jean-Louis-Alexandre.** — Reden bei der Beerdigung von J. L. A. Herrenschneider. Strassburg 1843, in-8°, 40 p., br.

242 **Herrenschneider, Louis.** — Jubilé du 6 Mai 1834: 1. Auf Herrenschneiders Jubiläum. Ein Lied, beim frohen Mahle zu singen. (In-8°, 4 p.) — 2. Viro summe venerando Lud. Herrenschneider etc. Gratulantur cives academici omnium ordinum musei theologici sodales. (In-4°, 4 p.) — 3. Viro summe venerabili Lud. Herrenschneider etc. Gratulantur collegae in seminario theol. prot. 1834. (In-4°, 17 p.) Argent. 1834, cart.

243 **Herrscher, Mgr. S.** L'Alsace, ses idées, ses hommes et ses oeuvres. Paris 1889, in-18, VIII—386 p., br.

244 **Hertzog, Dr. A.** Die bäuerlichen Verhältnisse im Elsass, durch Schilderung dreier Dörfer erläutert. („Abhandl. aus dem Staatswissenschaftlichen Seminar zu Strassburg", Heft 1). Strassburg 1886, in-8°, X—180 p., br.

245 **Hesse (l'Abbaye de).** — Kuhn, l'abbé Hermann. Hesse, son ancienne abbaye, son prieuré et ses annales. Nancy 1872, gr. in-8°, 85 p., cart. demi-perc. Av. pl. lith.

246 **Hirn, Gustave-Adolphe.** — Manifestation en l'honneur de G. A. Hirn. (Strasb. 1890), gr. in-8°, 55 p., texte encadré d'un filet noir, br. Av. portr. et 2 planches.

247 **Hohwald.** — Didier, Paul. Sites des Vosges. — Le Hohwald et ses environs. Strasb. 1866, in-18, V—83 p., cart. angl. Av. 1 carte et 1 lith.

248 **Hommaire de Hell, Xavier.** — Goutzwiller, Ch. Notice biographique sur X. Hommaire de Hell, Ingénieur civil, etc Colmar 1861, gr. in-8°, 100 p., demi-rel. perc. Av. portr. et carte.

249 **Horning, François Nathanaël.** — Horning, W. Franz Nathanael Horning, 1774—1839, Pfarrer in Roppenheim, Eckwersheim u. Vendenheim. Ein Pfarrbild im Rahmen der Zeit, gezeichnet für die Familie. Strassburg 1888, gr. in-8°, 68 p., br. Avec portrait.

250 **Hugueny, F.** Recherches sur la composition chimique et les propriétés qu'on doit exiger des eaux potables. Paris 1865, in-8°, XIII—166 p., rel. anc.

251 **Humann, Georges.** — Argout, le Comte d'. Eloge funèbre de Mr Humann, pair de France, ministre des finances. Strasbourg 1843, in-8°, 44 p., br.

252 — (Spach, L.) Mr Georges Humann, ministre des finances. (Extr. de „l'Impartial du Rhin"). Strasbourg s. d. (1870). in-8°, 79 p., br., à grandes marges.

253 **Hygiène.** — 1 lot de 5 ouvrages. (Comité central de vaccine. 1810. — Dr. Radat, Cas de croup. 1859. — Travaux du Conseil départemental d'hygiène publique. Bas Rhin. 1849 à 1865. — Sieffermann. Etablissement hydrothér de Benfeld. — Tarif des médicaments de Strasbourg. 1844).

254 **Ingold, A. M. P.** Nouvelle contribution à l'histoire des Prieurés clunisiens en Alsace. Colmar 1893, in-8°, 11 p., br.

255 **Inventaire-sommaire** des archives départementales antérieures à 1790, réd. par Mr Brièle. — Haut-Rhin. — Archives civiles. Séries A à E. 2 vol. Colmar 1863, in-4°, br. (Incomplet des p. 77 à 404 du T. II.)

256 **Ittenwiller.** — Spach, L. Une bulle du pape Alexandre III. (Feuilleton de „l'Alsace" du 15 avril 1840.) Strasbourg 1840, gr. in-8°, 8 p., cart.

257 **Jacob, J. B.** — Question d'état. Procès de J. B. Jacob, dit Humbert, ouvrier en soie à Lyon, contre Etienne Galamin. (Rectification d'un acte d'état civil). Colmar (1828), 50 p.

258 **Japy frères.** — Parrot, etc. Consultation du 9 Mars 1836 pour MM. Japy frères, fabricants à Beaucourts. (Arrêté du préfect sur le revenu imposable des établissements industriels de MM. Japy). S. l. n. d., 20 p.

259 **Jordy, N. L.** — Nollet-Fabert, J. Le général N.-L. Jordy. (Extr. de „la Lorraine militaire"). Nancy 1852, in-8°, 43 p., demi-rel. perc. Av. 1 portrait.

260 **Journal de la Société des sciences,** agriculture et arts du département du Bas-Rhin, séant à Strasbourg. Tomes I à V. Strasbourg 1824—1828. 5 vol. in-8°, cart.

261 **Judaïsme.** — Machsor. Festgebete auf den Versöhnungstag, so genannten „langer Tag". Neue Ausg. v. Ruben Baruch. (Texte hébreu.) Wien 1853, in-8°, pl. rel. mar. rouge, dos et plats orn., tr. dor.

262 **Judlin, Aug.** Chants d'Alsace-Lorraine. La Roche du Diable, conte bleu. Paris 1881, in-12, 18 p., demi-rel. perc. (Imprimé à 300 exempl.)

263 **Kastner, Jean,Georges.** — Jan, H. L. von. (écrit sous le pseud. de Hermann Ludwig). Joh. Georg Kastner, ein elsässischer Tondichter, Theoretiker und Musikforscher. Leipzig 1886. 3 vol. in-8°, br. Av. portraits et fig.

264 **Katzenthal.** — Restes du fort de Katzenthal (près de Colmar). — Abbaye de Marmoutier (à Tours en Touraine). S. l. n. d., in-8°. 2 pages de texte et 2 grav. sur acier, demi-rel. mar. rouge ord.

265 **Kaysersberg.** — Erichson, A. Le Protestantisme à Kaysersberg. (Extr. du „Progrès religieux"). Strasbourg 1871, in-8°, 58 p., cart. demi-perc.

266 **Kentzinger, Antoine de.** — Installation (Troisième) de Mr de Kentzinger, maire de Strasbourg etc. Strasbourg 1826, in-8°, 15 p., br. Avec 2 portraits.

267 **Kiener, J.** — Mémoire pour Jean Kiener, de Günsbach. Colmar 1865, 35 p. (Faillite Viboux & Cie).

268 **Kirchen-Gebete,** nebst Dr. Luthers Gedanken über Abänderung kirchlicher Gebräuche. (signé Bl.) Strassburg 1791, in-16, 24 p., br.

269 **Kirchen- und Schulblatt (Protestantisches) für das Elsass.** Jahrg. 1—15. Strassburg 1834 à 1848. 15 vol. in-8°, cart.

270 **Knipschilt, Phil.** Tractatus politico-historico-juridicus, de juribus et privilegiis nobilitatis et ordinis equestris. S. R. J. liberi et immediati, in libri tres, etc." Campoduni 1693. 1 fort vol. in-fol., demi-rel. veau ant. (Bel exempl.)

271 (**Koch, C. G.**) Traité sur la nature des biens ruraux dans les deux départemens du Rhin, ci-devant province d'Alsace. Strasbourg s. d., in-4°, 40 p. — **Brackenhoffer, J. Fr.** Specimen juris georgici alsatici de indole praediorum rusticorum. Arg. 1783, 44 p. — **De finium regundorum actione.** Arg. 1784, 42 p. et 2 tabl. — **Wieger, Fr.** De renovationibus bannorum, vulgò Bann-Erneuerungen. Arg. 1667, 36 p., — **Albert, Jac. Lud.** De renovationibus bannorum. Arg. 1783, 28 p. — **Commentatio juridica** de codicibus territorialibus. Arg. 1784, 76 p., av. 1 pl. — **Thomassin,** Essai sur les rentes foncières. Strasb. an IX, 28 p., (in-8°). 1 vol. factice in-4, cart.

272 **Koch, Chr. Guil.** Sanctio pragmatica germanorum illustrata. Argentorati, Rollandi et Jacobi, 1789, in-4°, XXV—346 p., rel. veau ant. Av.4 pl.

273 **Koechlin, Nic., et frères.** — Martin. Mémoire à consulter pour la Compagnie du chemin de fer de Bâle à Strasbourg, contre deux décisions du jury de Schelestadt. Paris (1840), 64 p., cart. (Expropriation de terrains).

274 **Kreiss, Théodore.** — Bruch, J. F. Discours sur la vie et les travaux de Mr Thédore Kreiss, prononcé le 7 Juin 1860. Strasbourg 1860, in-8°, 22 p., br.

275 **Krug-Basse, Jules.** De l'organisation judicaire et de la législation d' Alsace avant 1789. (Extr. de la „Revue crit. de législ. et de jurispr.") Paris 1874, in-8°, 20 p., cart., demi-perc. rouge.

276 **Lachenmeyer, George Frédéric.** — Bruch, J. F., et J. Willm. Discours prononcé le 19 Janvier 1843 pour rendre les derniers honneurs académiques à George Frédéric Lachenmeyer, et discours prononcé sur la tombe. Strasbourg 1843, in-8°, 35 p., br.

277 **Laguille, Louis.** Histoire de la province d'Alsace, depuis Jules César jusqu'au mariage de Louis XV. 3 parties en 1 vol. Strasb. 1727. 1 vol. in-fol., pl. rel. maroquin vieux rouge, av. les armes royales de France sur les plats, dos orn. (Reliure de Boyer, environ 1727—1730). Superbe exempl. à tranches dorées.

278 **Laity.** — Thirriet. Plaidoyer pour Mr Laity, lieutenant de pontonniers, impliqué dans l'affaire du 30 Octobre 1836. Strasbourg 1837, 31 pages.

279 **Lambesc, le Prince Charles-Eugène, de.** — Benoit, A. Le prince de Lambesc aux Tuileries (12 Juillet 1789). Metz 1881, in-8°, 15 p., demi-rel. perc.

280 **Lamey, Aug.** Chronik der Elsässer, in Liedern und Gemälden. Strassburg 1845, in-12, IV—114 p., demi-rel. perc.

281 (**Laroche, Sophie de**). Journal einer Reise durch Frankreich, von der Verfasserin von Rosaliens Briefen. Altenburg 1787, in-12, 590 p., rel. veau ant., dos orné, tr. jaspées.

282 **La Roque, Louis de, et Ed. de Barthélemy.** Catalogue des gentilshommes d'Alsace, Corse, Comtat-Venaissin, qui ont pris part . . . . aux assemblées de la noblesse 1789. Paris 1865, gr. in-8°, 48 p., cart.

283 **Lauth, Caroline.** — (Schweighaeuser, J. G.) Dem Andenken der schnell-entrissenen Caroline Lauth, von einem Freunde der tiefgebeugten Familie. Am 30. Juni 1822. (En vers). Strassburg s. d., in-8°, 8 p.

284 **Lauth, Gustave.** — Ueber Gustav Lauth, Doctor der Arzneiwissenschaft, etc. Strassburg 1817, in-8°, 30 p., cart. (Av. portrait-silhouette sur le titre).

285 **Légendes d'Alsace.** — Schuré, Ed. La Légende de l'Alsace. Paris 1884, in-12, 321 p., br.

286 **Lehr, Ern.** Dictionnaire d'administration ecclésiastique à l'usage des deux églises protestantes de France. Paris 1869, in-8°, VIII—363 p., demi-rel. veau, tête rouge, non rogné.

287 — Les écus de cinq francs au point de vue de la numismatique et de l'histoire. Paris 1870 in-8°, 111 p., demi-rel. veau grenat, non rogné. Av. 16 pl. en relief.

288 **Lehr, P.** Quelques essais poétiques. Strasbourg 1860, in-12, 16—20—22 p., demi-rel. perc.

289 **Léon IX.** — Brucker, le père P. P. L'Alsace et l'Eglise au temps du pape Saint-Léon IX, (Bruno d'Egisheim). 1002—1054. Strasbourg 1889, 2 vol. in-8°, br.

290 **Le Roy de Sainte-Croix.** L'Alsace en fête, ou histoire et description des fêtes, cérémonies, etc. de l'Alsace. Tome I (seul paru). Strasb. et Paris 1880, gr. in-8°, br.

291 — Les Anniversaires glorieux de l'Alsace (1781—1848). (De la „Petite Collection alsacienne"). Strasb. 1881, in-16, XI—280 p., br.

292 **Lezay-Marnésia, Comte de.** — (Calmelet). Notice sur Mr A. de Lezay-Marnésia, Préfet du Bas-Rhin, mort le 9 Octobre 1814. S. l. 1814, in-8°, 13 p., br.

293 — Die Elsässer beym Tode ihres lieben Praefekten. Er starb den 9. Oct. 1814. Strassburg s. d., in-8°, 4 p. — Suivi de: Stoeber, Ehr. Klage bey dem Tode des edlen Lezay von Marnesia etc. Strassb. s. d., in-8°, 5 p. — Les deux en vers.

294 — Ladoucette, Baron de. Notice biographique sur Mr le Marquis de Lezay-Marnésia, ancien Préfet; lue à la séance publique de la Société royale et centrale d'Agriculture, le 3 Avril 1817. (Extrait des Mémoires de la Soc.) Paris 1817, in-8°, 28 p., cart.

295 — Migneret. Discours prononcé lors de l'inauguration de la statue de Mr de Lezay-Marnésia, le 27 Août 1857. — Suivi de la Cantate exécutée par les soc. chor. de Strasb. Strasbourg 1857, gr. in-8°, 7 p. et 3 p., cart. demi-perc.

296 **Lièpvre.** — Degermann, J. La Donation de Charlemagne au prieuré de Lièpvre en 774. (Tirage à part du „Bull. de la Soc. p. la Cons. des mon. hist. d'Alsace"). Strasbourg 1892, gr. in-8°, 31 p. et 1 carte, br. (Papier de Hollande). (2 exempl.)

297 **Ligny-en-Barrois.** — Du Chalais, A. Observations sur une inscription latine découverte à Ligny-en-Barrois. (Etudes archéologiques sur le Département de la Meuse. II). Bar-le-Duc s. d., in-8°, p. 13 à 24 (12 p.), cart.

298 **Longuyon (Meurthe-&-Moselle).** — Lepezel, L. Longuyon avant 1789: Les officiers municipaux (1773—1789). Montmédy 1894, in-8°, 13 p., cart.

299 **Löper, Carl.** Geschichte des Verkehrs in Elsass-Lothringen, mit bes. Berücksichtigung der Schifffahrt, des Post-, Eisenbahn- und Telegraphenweseus. Strassb. 1873. in-12, IV—288 p., demi-rel. perc. (Exemplaire de Mr Dagobert Fischer avec lettre autogr. signée de l'auteur).

300 — Die Brieftaube schneller als der Blitz, flüchtiger als die Wolke. Aus dem Arabischen. Nebst einem Anhange: Beiträge zur Geschichte der Tauben-Post. Strassburg 1879, in-12, 55 p., br.

301 **Lorentz, Bernard.** — Tassy, L. Lorentz. Paris 1866, in-8°, 76 p., br.

302 **Lorraine.** — Beauvau, Marquis de. Mémoires pour servir à l'histoire de Charles IV, duc de Lorraine et de Bar. Cologne 1687, in-24, 456 p., plus préf. et index. — Suivi de l'Histoire de l'emprisonnement de Charles IV. (Cologne 1688). Cologne 1690, in-24, XVI—456 et 132 p., plus l'index. 1 vol. rel. veau anc. (Rare).

303 — Benoit, A. Les plaids annaux de la baronnie de Sarreck (Meurthe). Etude sur les justices seigneuriales au XVIIIe siècle. (Extr. de la „Revue de l'Est"). Metz 1869, in-8°, 55 p., demi-rel. perc.

304 — — Enseignes et insignes, médailles et décorations se rattachant à la Lorraine. Nancy 1872, 26 p., av. 4 pl. lith. — Plus la Suite de 19 p., parue en 1874, av. 3 pl. lith. — 1 vol. in-8°, demi-rel. perc. (Extr. des „Mém. de la Soc. d'Arch. lorr.").

305 — Bericht-Schreiben Auff die von Franckreich vorgewendete Motiven weszwegen sie Lothringen überfallen. S. l. 1670, in-4, 10 feuilles, br. (Rare).

306 — Bonvalot, Ed. Histoire du droit et des institutions de la Lorraine et des Trois-Evêchés. (843—1789). Paris 1895, in-8°, VII—386 —XXIV p., br.

307 — Bournon, Jacques. Chroniques, lois, moeurs et usages de la Lorraine au moyen-âge. Publiés pour la 1re fois par Jean Cayon. Nancy 1838, in-4°, VIII—48 p., cart. orig.

308 — Calmet, Dom Aug. Histoire généalogique de la maison du Châtelet, branche puînée de la maison de Lorraine. Nancy 1741. 1 fort vol. in-fol., rel. veau anc. fat., aux armes de la maison du Châtelet, dos orné, tr. rouges. Av. planches, blasons et tabl. généal.

309 — Chiflet, J. J. Lotharingia masculina. S. l. (Bruxellae) 1648. — Comment. Lothariensis quo praes. Barrensis ducatis imperio asseritur. Antverp., Plantin, 1649. — Verum stemma Childebrandinum. S. l. (Bruxellae) 1656. — Stemma Austriacum. Antverp. 1650. — Lilium Francicum, veritate historica, botanica, et heraldica illustratum. Cum fig. aen. Ibid. 1658. — Ad vindicias hisp. lampades histor. Ibid. 1649. En 1 vol. in-fol. veau anc., dos orné, tr. rouge. (Rel. fatiguée).

310 — Conférence infructueuse de Windisgratz, ou Violence de la France, à retenir la Lorraine. S. l. 1672, in-4°, 55 p., texte fr. et all., dérelié.

311 — Coutumes de la Lorraine. S. l. 1761. 7 ouvrages réunis en 1 vol. in-8°, rel. bas., tr. rouges. (Coutumes de l'Evêché de Metz, de Marsal, d'Epinal, de Blamont, de la Bresse et du Val-de-Liepvre. Concordat entre les deux Souverains du Sargaw et de Mertzig de l'an 1620, 31 p. en copie manuscr. d'une belle écriture).

312 — Coustumes générales du duché de Lorraine, es Bailliages de Nancy, Vosges et Allemagne. Nancy, J. Garnich, 1614, pet. in-4°, IV—62 feuillets. — A la suite: Recueil du stile à observer es instructions des procédures d'assizes, es bailliages de Nancy, Vosges et Allemagne. Nancy 1614, 45 feuillets. — Les 2 en un vol. demi-rel. amat., veau f., av. coins, tête dorée, dos orné, non rogné. (Rare. — Bel exemplaire).

313 **Lorraine.** — Cuvier, O. Les réformés de la Lorraine et du pays messin. (Extr. des „Mémoires de l'Acad. de Stanislas"). Nancy 1884, in-8", 32 p., cart. demi-perc.

314 — Dissertation historique et politique sur le traitte fait entre le roy et le Duc Charles, touchant la Lorraine. — Suivi de: Excerpta ex actis senatus in Parnasso. S. l. 1662, pet. in-4", 26 et 24 p. (Très rare).

315 — Fabert, Abr. Les Remarques d'Abraham Fabert sur les coustumes générales du Duché de Lorraine, ès Bailliages de Nancy, Vosges et Allemagne. (Exempl. avec le beau frontispice de Séb. le Clerc, au verso duquel se trouve le portrait d'Abr. Fabert). Metz 1657, in-fol., 539 p., plus la table, rel. veau ant. (Taches d'encre sur la tranche vers la fin du vol.)

316 — Fête séculaire de la réunion à la France de la Lorraine et du Barrois. Programme officiel des fêtes à Nancy, du 14 au 17 juillet 1866. Nancy 1865, in-8", 32 p., br.

317 — Fitte, Dr. Siegfried. Das staatsrechtliche Verhältnis des Herzogtums Lothringen zum deutschen Reich, seit dem Jahre 1542. („Beiträge zur Landes- u. Volkeskunde v. Els. Lothr.", H. XIV). Strassburg 1891, in-8", 102 p., br. Av. 1 carte.

318 — Heraudel, J. Elegie de ce que la Lorraine a souffert depuis quelques années par peste, famine et guerre. — Réimpression des originaux latins et français, publ. à Nancy par Charlot 1660, avec des éclaircissements hist. par J. Cayon. Av. figure et vign. St. Nicolas-de-Port 1839, gr. in-8", cart. orig., non rogné. (Imprimé en petit nombre d'exempl. — Rare).

319 — La Selve, Edgar. Une Lorraine. Nouvelles patriotiques. Paris 1880, in-18, 170 p., demi-rel. perc.

320 — Leitzsch, Fr. Aug. De nexu regni lotharingiae cum Imp. Rom. Germanico. (Thèse.) Lipsiae 1728, pet. in-4", VIII—56 et 12 p., dérelié.

321 — Lepage, H. Lettres et instructions de Charles III, duc de Lorraine, relatives aux affaires de la ligue. Nancy 1864, in-8", VIII—338 p., br.

322 — Memoriale et responsum ex parte Serenissimi Ducis Lotharingiae scriptum a parte regis christianissimi 25 nov. 1670 Imperio praesentatum Dilucns, ed. Joannes à Monnet Reinemberg. S. l. n. d., pet. in-4", 8 ff. n. pag.

323 — Munier-Jolain, J. L'ancien régime dans une Bourgeoisie lorraine. Etude historique. Paris 1885, in-8", XXIV—416 p.,

324 — Nobiliaire du duché de Lorraine et de Bar, par le Duc René. Avec le blason de leurs Armes, à commencer depuis 1382. Liège 1761, in-18, 420 p., demi-rel. veau fauve, av. coins, dos orné, tête dorée. (Bel exempl. de cet ouvrage rare et recherché.)

325 — Noël, M. Des Domaines et de l'état constitutionnel de la Lorraine. Nancy 1830, in-8", 119 p., demi-rel. toile.

326 — Recueil factice d'édits, d'ordonnances et de déclarations, pour les Etats de S. A. R. le duc de Lorraine et de Bar (1700—1724); pet. in-4", veau brun, dos orné.

Ce recueil de 66 pièces dont quelques-unes sont manuscrites, a été formé en 1724, par Mr Breyé, avocat à Nancy. Il a écrit son nom sur la garde du volume et sur le titre.

327 — — des édits, ordonnances déclarations, traitez et concordats depuis le règne de Léopold I etc. jusqu'en 1789. (Les titres varient pour

presque chaque vol.) Nancy .733—1789. 16 tomes en 13 vol. in-4°, rel. veau fauve anc. (La reliure n'est pas uniforme pour toute la collection).

328 **Lorraine.** — (Riston, A.) Table alphabétique ou abrégée du Recueil des ordonnances et réglemens de Lorraine, jusqu'en 1773. Nancy 1773. 1 vol. in-4°, 312—XXVIII p., rel. veau fauve, dos orné, tr. rouges.

329 — — Conférence par ordre alphabét. des matières contenues en l'ordonnance de Lorraine. 3 parties en 1 vol. Nancy 1774, in-12, rel. veau fatiguée, dos orné.

330 — — Analyse des coutumes sous le ressort du parlement de Lorraine —Suivi de la Table des villes, bourgs, villages . . . . sous le ressort de Nancy. Nancy 1782, in-4°, XIV—418—LXXVIII p., rel. bas. ant., dos orné, tr. rouges.

331 — Roederer. Questions proposées par la commission intermédiaire de l'Assemblée provinciale de Lorraine, concernant le reculement des barrières . . . . S. l. 1787, in-8°, 222 p., br.

332 — Saulcy, F. de, Recherches sur les monnaies des ducs héréditaires de Lorraine. Metz 1841, in-4°, X—247 p., demi-rel. chagrin noir, fil. d'or sur le dos. Av. 36 planches.

333 — Schmidt, Ed. L'instruction primaire à la campagne en Lorraine, il y a cent ans, d'après l'enquête de 1779. (Extr. de la „Revue chrét.") Paris 1880, in-8°, 39 p., demi-rel. toile.

334 — Terquem, Aug. Etymologies du nom de toutes les villes et de tous les villages du département de la Moselle. 2e édition. Metz 1864, in-8°, XVI—215 p., br.

335 — Thibault, Fr. Tim. Histoire des loix et usages de la Lorraine et du Barrois dans les matières béneficiales. Nancy 1763, in-fol., XXII—398—235 p., texte encadré, rel. veau ant., tr. rouges.

336 — Thilloy, Jules. Les Institutions judiciaires de la Lorraine allemande, avant 1789. Discours prononcé à l'audience solennelle de rentrée de la Cour impér. de Metz. Metz 1864, in-8°, 67 p., br.

337 — Troplong. De la souveraineté des ducs de Lorraine sur le Barrois mouvant, et de l'inaliénabilité de leurs domaines dans cette partie de leurs états. Nancy 1832, in-8°, 216 p., br. (Taches de rousseur).

338 — Vertrag des H. Röm. Reichs Stände mit Hertzog Anthoni von Lothringen, Anno 1542. Franckfurth 1670, pet. in-4°, 4 ff., br.

339 — Wiener, Lucien. Etude sur les Filigranes des papiers lorrains. Nancy 1893, in-4°, 77 p., demi-rel. mar. brun., av. coins, tête dorée, non rogné. Av. 35 pl. (Tiré à 150 exempl. sur papier vergé. — No. 137).

340 **Lorraine, Elisabeth de.** — Benoit, Louis. Elisabeth de Lorraine, régente de Nassau-Sarrebruck, et le Burgfrid de Niederstinzel. (Extr. des „Mém. de la Soc. d'Arch. lorr."). Nancy 1867, in-8°, 31 p., demi-rel. toile. Av. 1 planche.

341 **Lutz, M.** Oberrheinisches Orts-Lexikon. Ein Hülfsbuch für Alle, welche das Ober-Elsass und den Sundgau bereisen etc. Mülhausen 1828, in-12, 167 p., cart., rogné.

342 **Maeder, Abel-Théod.-Guill.** — Ingold, A. M. P. Abel Théodore Maeder. Lettres à Grégoire (1797—1801). (Extr. du „Bull. du Musée historique de Mulhouse"). Mulhouse 1896, gr. in-8°, 20 p., br.

343 **Maeder, Adam.** — Baltzer, Ch. Adam Maeder. Strasbourg 1873, in-8°, 14 p., br. (2 exempl.)

344 **Maeder, Adam.** — Jubilé de Mr le pasteur Maeder, célébré à l'Eglise réformée de Strasbourg, le 7 Mai 1865. Strasbourg 1865, in-8°, 28 p., br.

345 **Maeder, Pierre.** — Joseph, F. Leichenrede, gehalten den 1. März 1836, bei der Beerdigung von Herrn Peter Maeder, Pfarrer der prot. Gemeinde von Gebweiler. Gebweiler 1836, in-12, 11 p., br.

346 **Manuscrits.** — Bayon, Joannes de. Mediani monasterii historia. — Herculani, Joannis. Historia antiquitatum Vallis-Galileae, **Manuscrit de 1678**, pet. in-4°, 255 p., pl. rel. parch. mod. non rogné, dans un étui.

347 — Calmet, Dom. Histoire de l'Abbaye de saint gregoire de Münster en gregorienthal, **écritte en L'an 1704.**
1 vol. pet. in-4°, de 164 feuillets en pl. rel. parch., tranches rouges. Exempl. de Mr A. Laurent dont Mr Dinago fait mention dans la préface du numéro précédent. (Quelques pages du commencement, du milieu et de la fin du volume sont fortement tachées; en dehors de cela, l'exemplaire est très bien conservé).

348 — Copies manuscrites de lettres circulaires adressées à MM. les curés (de 1820 à 1844). In-4°, 10 ff., non pag., demi-rel. cuir. (A la fin du volume une lettre orig. ms. signée, de 2 p. (du 23 May 1813) de Paclet (?), curé de Phaffans.

349 — Inventarium über Herrn Hieronymi Königs, des Handelsmanns, u. Frauen Susanna, gebohrener Herssin, dermalen Active und Passive, etc., **den 23. Decembris 1741.** 1 fort vol. in-fol., rel. parch., av. rubans.

350 — Rechnung des Joh. Dan. Ensfelder, Notarii u. Ritterschaftlicher Inventir-Schreibers . . . . . Curatoris derer durch nun weiland Herrn Franz Joseph Conrad Freyherrn von Rathsamhausen zu Ehenweyer . . . seinen Schuldglaubigen cedirt und übergebener Königlicher Apointemens, wie auch sämtlicher Renthen und Gefällen, Inhaltend alles dasjenige, was Ich . . . seith 3. Sept. 1782 . . . bis ad annum 1785 eingenommen, aussgegeben und sonsten besorgt habe. — Gegenwärtige Rechnung . . . für gut und gültig angenommen, geschehen Strassburg auf dem Ritterhauss **den 18. Decembris 1786.** Unterzeichnet: Ant. Jos. Freyherr Zorn v. Bulach, Holtzapfel et Hentzinger. 1 vol. in-fol., 86 ff., rel. parch.

351 **Marchand, C.** — Procès du Patriote alsacien, ou défense prononcée devant la cour d'assises du Bas-Rhin, le 15 Juin 1820, par C. Marchand, accusé de nombreuses provocations au crime et d'offenses envers la famille royale. Strasbourg. 48 p.

352 **Martin, Abbé Ch.** Les deux Germanies cis-rhénanes. Etude d'histoire et de géographie anciennes. Paris 1863, in-8°, 85 p., demi-rel. toile. Avec 1 carte.

353 **Meininger, Ernest.** Une Chronique suisse inédite du XVIe siècle. (Circkell der Eidtgenoschaft von Andreas Ryff). Bâle 1892, gr. in-8°, 85 p., br. Avec 4 planches en phototypie et 346 armoiries sur 18 planches.

354 **Meister, Aloys.** Die Hohenstaufen im Elsass, 1079—1255. Strassburg 1890, in-8°, 159 p., br.

355 **Merian, Matth.** — Eckardt, H. Matthaeus Merian. Skizze seines Lebens und ausführliche Beschreibung seiner Topographia Germaniae. Eine kulturhist. Studie. Basel 1887, in-8°, VII—222 p., br. Av. portrait.

356 **Metz.** — Bégin, Em. A. Histoire des sciences, des lettres, des arts et de la civilisation dans le pays messin, depuis les Gaulois jusqu'à

nos jours. Metz 1829, in-8°, XVI—612 p., demi-rel. cuir ord. Av. 1 carte.

357 **Metz.** — Gabriel. Observations détachées sur les coutumes et les usages anciens et modernes du ressort du parlement de Metz. Bouillon 1787—88. 2 vol. in-4°, rel. bas., tr. rouges. (Ouvrage estimé et fort savant).

358 — Inventaire des aveux et dénombrements déposés aux Archives départementales à Metz. Précédé d'une notice sur la création de la Chambre royale. Publ. par Ed. Sauer. Metz 1894, in-4°, XVIII—232 p., demi-rel. veau vert, non rogné.

359 — Mémoires pour la ville de Metz dans les négociations de paix entre la France et l'Allemagne. Publication du Conseil municipal de Metz. Metz 1871, in-8°, 27 p., br.

360 — Olry, Jean. La persécution de l'église de Metz. 2me édit. accompagnée de notices et de notes par Othon Cuvier. Paris 1859, in-16, 268 p., br.

361 **Meyer, Daniel.** — Mieg-Kroh, Mathieu, Daniel Meyer, météorologiste mulhousien 1752—1824. (Extrait du „Bull. du Musée hist. de Mulh.") Mulhouse 1881, gr. in-8°, 24 p., br. Av. portr.-silhouette et 1 vue. (2 exempl.)

362 **Michel, Jean-Auguste.** — Stoeber, Aug. Notice biographique sur Mr Jean-Auguste Michel, lue à la Soc. industr. le 29 Nov. 1876. Mulhouse 1877, gr. in-8°, 15 p., br.

363 **Midolle.** Album de calligraphie, comprenant les 3 parties suivantes: 1. Album du Moyen-Age, 40 pl. — 2. Ecritures anciennes, 40 pl. — 3. Spécimen des écritures modernes, 40 pl. Strasbourg 1834 à 1836, in-fol. oblong. demi-rel. veau anc. Av. 120 pl. lith. (Déchirures et taches de rousseur).

364 **Migneret.** Discours prononcé à la séance générale de la Société pour la conservation des monuments historiques, le 18 févr. 1857. Strasbourg 1857, in-8°, 8 p., cart.

365 **Mirliton (Le).** Publication mensuelle intime, locale et illustrée. Série I: 6 Nos. série II: 12 Nos, série III: 11 Nos, série IV: 1 No. Strasb., Lith. Th. Siegfried. 30 numéros parus du 1r juillet 1882 au 1r décembre 1884, 1 No. supplément du 9 févr. 1884 et 1 No. de juillet 1886. 1 vol. in-fol., demi-rel. perc. (Bel exempl., très complet).

366 **Misson.** Voyage d'Italie. 5e édit., enrichie de nouvelles figures. Utrecht 1722, 4 tomes en 2 vol., rel. parch., tr. rouges. (Le T. III contient une pet. description de l'Alsace (p. 98—104), av. 1 pl. de 6 costumes alsaciens).

367 **Mohr, Louis.** Les Centenaires de Voltaire et J. J. Rousseau. 30 Mai — 2 Juillet 1878. Aperçu bibliographique. Bâle 1879, in-8°, 24 p., br. (Tiré à petit nombre: pas dans le commerce).

368 — De la bibliographie des Ana. (Extr. des „Annales du Bibliophile belge"). Bruxelles 1882, in-8°, 14 p., cart.

369 **Molsheim.** — Almae congregationi academicae Molshemii. Explicatio libri primi Pentateuchi etc. Argent. 1739, in-24, VI—449 p., pl. rel. veau, dos orn., filet d'or sur les plats.

370 — — Même ouvrage. — Commentarii theologico-historici de sanctissimo sacrificio missae etc. Sectio II et III. Argentor. 1755 et 1756. 2 vol. in-24, même rel.

371 — — Même ouvrage. — Idea cultus Mariani etc. Argentor. 1761, in-24, 124 et 148 p., même rel.

372 **Morlet, le Colonel de.** Quelques monuments de l'époque gallo-romaine trouvés sur les sommités des Vosges près de Saverne. (Extr. du „Bulletin monumental", publ. à Caen). Caen 1862, in-8°, br. Avec figures. (Très rare.)

373 — Même plaquette, cart.

374 **Moyenmoutier.** — Belhomme, Humb. Antiquitates montis Vogesi et praesertim Mediani. Argentorati 1733, in-4°, VIII—469 p., cart. Av. 4 planches grav. (Très rare et recherché).

375 **Mulhouse.** — Beitrag zur Geschichte Mülhausens i. Els. und der Entwicklung seiner Industrie. Mülhausen 1886, in-8°, 29 p. Av. 1 plan.

376 — Bulletin du Musée historique de Mulhouse. T. I à XXI. Mulhouse 1876 à 1897. 21 vol. gr. in-8°, br. Av. fig. et planches.

377 — Catalogue de la bibliothèque de la Société industrielle de Mulhouse. Mulhouse 1848, in-8°, 70 p., br.

378 — Dincher, Th. Recueil de divers usages locaux qui . . . . ont force de loi dans le canton de Mulhouse. Mulh. 1855, in-12, XI—105 p., demi-rel. perc.

379 — Ehrsam, N. Der Stadt Mülhausen privilegirtes Bürgerbuch, bis zur Vereinigung dieser Republik mit Frankreich, im Jahr 1798. Mülhausen 1850, in-8°, 443 p., demi-rel., chagr. rouge, tête rouge, dos orn., non rogné. Av. 14 pl. (armoiries color., monnaies etc.) et 1 plan.

380 — — Livre d'Or (Bürgerbuch) de la ville de Mulhouse. Nouv. édit. revue et augmentée par L. Schoenhaupt. Mulh. 1883, in-fol., XXI—431 p., pleine rel. orig., maroquin brun foncé, fers spéciaux, tranches dorées. Orné de 24 pl. d'armoiries et beaucoup d'autres pl. color. (Superbe exempl. conservé dans une boîte).

381 — — Die geistliche Uhr. Album von einem Colmarer Maler u. Dichter (Pettinus), dem Magistrat von Mülhausen gewidmet. (1645). Mülhausen 1868, in-8°. 8 p., cart.

382 — Maeder, Ad. Die letzten Zeiten der ehemaligen eidsgenössischen Republik Mülhausen, her. v. Aug. Stoeber. Mülh. 1876, in-8°, VIII—125 p., br.

383 — Meininger, Ernest. Sainte-Cécile vo Milhüsà. Souvenir vom Bankett vom 14. Dezàmber 1878. Mulhouse 1878, in-8°, 22 p., br.

384 — — Essai de description, de statistique et d'histoire de Mulhouse. Mulhouse 1885, in-4°, VI—174 p., pap. de Holl. (No 478), br. Av. 15 fig. et 14 cartes et planches.

385 — (Mieg, J. G.) Chronologische Auszüge über Mülhausen, vom Jahre 1220 bis 1848. Mülhausen 1848, in-8°, II—184 p., demi-rel. toile. Av. portr. de Jos. Hofer.

386 — Mulhouse (Le Vieux). Documents d'Archives publiés par les soins d'une Commission d'études historiques. Tomes I et II. Mulhouse 1895 et 1897, gr. in-8°, br.

387 — Notice sur les écoles de Mulhouse, rédigée d'après des notes réunies par le Comité d'utilité publique de la Société industrielle. Mulhouse 1867, gr. in-8°, VIII—103 p., cart. demi-perc. Av. des tableaux col.

388 — Penot, A. Rapport sur un projet de Société d'instruction publique. („Bulletin de la Soc. ind. de Mulh.", No. de Juillet 1864). Mulhouse 1864, gr. in-8°, cart. demi-perc.

389 — Rettig, G. Die Beziehungen Mülhausens zur Schweizerischen Eidgenossenschaft, bis zu den Burgunderkriegen. Nach den Urkunden dargestellt. (Separatabdruck aus dem „Archiv des histor. Vereins des Kantons Bern"). Bern 1889, in-8°, 52 p., br.

390 **Mulhouse.** — Riederer, Fr. (von Mülhausen). Spiegel der waren rhetoric. Vss M. T. Cicerone vn andern getütscht! Mit jren glidern Clüger reden / Sandtbrieffen / vn Formen mencher Cotract / seltza Regulierty Tütsch vnd nutzbar Exempliert / mit Fügen / vff Götlich vnd Kaiserlich gschryfft vn recht gegründet: Nüwlich (vnd vormaln in gemein nye gesehen) yetz loblich vssgangen. Am Schlusse: Rhethorischer Spiegel vnd lüchtender Stern / wol erwegens redens vnd schribens zu Fryburg jn Brissgaw. vss hilff des / der alle gutheit würckt / vnnd von aller creatur zeloben ist / Durch den fürsichtigen rechtgeübten: meister Fr. Riedrer versamelt / Getruckt zu Strassburg durch J. prüss zum Thiergarten. Anno 1509. 1 vol. pet. in-fol., 157 feuillets, rel. en bois, dos peau de truie gaufrée. Av. ferm., 2 grav. sur bois sur le 1r feuillet (titre). Quelques déchirures et gr. taches d'eau.

391 — Statuten (Die) und Gerichts-Ordnung der Stadt Müllhausen, (nebst 11 weiteren Ordnungen). S. l. n. d. 1 vol. in-fol., interfolié de papier blanc, demi-rel. veau.

392 — Stoeber, Aug. Recherches sur le droit d'asile de Mulhouse, au 16e siècle. Nouvelle édition revue et augm. Mulhouse 1884, gr. in-8°, 70 p., br.

393 **Munster.** — Hecker, Fr. Die Stadt und das Thal Münster im St. Gregorienthal. Münster 1890, in-8°, VIII—192 p., br.

394 — Notes et Documents pour servir à l'intelligence de la cause liée entre la ville de Munster et diverses communes du Val de St.-Grégoire. Colmar 1836, in-8°, 39 p., br.

395 **Musées et Collections privées.** — Catalogues d'expositions à Mulhouse (1876, 1879, 1883 et 1886). — Marchand, A. Salon de Mulhouse en 1879. — Catalog der Städt. Gemälde- u. Sculpturen-Sammlung. Strassburg 1886. — Ausstellung v. Kunst u. Altertum in Els.-Lothr. Orangerie-Gebäude 1895. — Catalogues des collections F. Hugueny, H. Egmont Massé, Ferd. Reiber, Simonis.

396 **Nancy.** — Arrêts du Conseil d'Etat du Roy. 1r Mai 1780. Comptes à rendre par les syndics et adjoints des communautés d'arts et métiers, établies dans les villes du ressort du Parlement de Nanci. Paris 1780, in-4°, 4 p., br.

397 — Catalogue des objets d'art et d'antiquités exposés au Musée lorrain au palais ducal à Nancy. 4e édit. Nancy 1863, in-8°, XXIV—172 p., demi-rel. perc.

398 — Cayon, Jean. Eglise des Cordeliers, la Chapelle-ronde, sépultures de la maison de Lorraine à Nancy. Histoire et description de ces édifices. Nancy 1842, in-8°, 100 p., cart. orig. Av. grav. et plans.

399 — Courbe, Ch. Les rues de Nancy, du XVIe siècle à nos jours. Nancy 1886. 3 vol. in-8°, pap. à la cuve, demi-rel. veau amat., av. coins, dos orn., têtes dor., non rognés. (Bel exemplaire).

400 — — Promenades à travers les rues de Nancy, au 18e siècle, à l'époque révolutionnaire et de nos jours. Recherches sur les hommes et les choses de ce temps. Nancy 1883, in-8°, 470 p., sur pap. à la cuve, demi-rel. amat. veau, av. coins, dos orn., tête dorée, non rogné. (Edit. tirée à 45 exempl. — No. 41).

401 — Favier, J. Catalogue des manuscrits de la bibliothèque publique de Nancy. (Extr. du T. IV du „Catalogue général des manuscrits des bibliothèques publ. de France. — Départements"). Paris 1886, in-8°. (121—312) = 192 p., br.

402 — Grand-Eury et L. Lallement. L'église Saint-Epvre à Nancy. Notice archéologique et historique. Nancy 1856. 1 vol. in-8°, 124 p., br. Avec 1 planche lith.

403 **Nancy.** — Léonard, de. Relation exacte et impartiale de ce qui s'est passé à Nancy, le 31 Août et les jours précédens. Nancy 1790, in-4°, VII—188 p., demi-rel. ord.

404 — Lepage, Henry. Les Archives de Nancy, ou documents inédits relatifs à l'histoire de cette ville. Nancy 1865. 4 vol. in-8°, demi-rel. veau, dos orn., non rognés. Av. quelques plans.

405 — — Promenade dans Nancy et ses environs. 3e édition. Nancy 1879, in-18, 147 p., br. Avec un plan de la ville.

406 — Marx, Roger. L'Art à Nancy en 1882. Avec une lettre d'Alexandre Hepp. Paris 1883, in-12, X—115 p., br. Av. 10 pl. hors texte.

407 — Mémoires de la Société royale des sciences, lettres et arts de Nancy. Années 1843, 1845, 1849, 1850 et 1851. Nancy 1844 à 1852. 5 vol. in-8°, br. — Mémoires de l'Académie de Stanislas. Années 1865 à 1868, 1870/71 et 1873. Nancy 1865 à 1874. 6 vol. in-8°, br. — Simonin père. Tables alphab. des matières et des noms d'auteurs contenus dans les 3 premières séries des Mémoires . . . . Nancy 1867, in-8°, 300 p., demi-rel. perc.

408 — Noël, F. J. B. Lettres adressées à Son Ex. Mr le ministre de l'Intérieur sur l'administration municipale de la ville de Nancy, principalement en ce qui concerne la voirie. Nancy 1845, in-8°, 31 p., cart. demi-toile.

409 — Révolution. Liasse de 6 pièces diverses rares:
1790. 31 Août. Nouv. détails authent. arrivés de Metz, sur la marche de l'armée de Mr de Bouillé, et en particulier de la garde nat. de Metz. (Affaire de Nancy). Paris s. d., 44 p.
1790. 31 Août. Marat. Relation authentique de ce qui s'est passé à Nancy . . .; et observations de l'Ami du peuple. S. l. n. d., 16 p.
1790. 31 Août. Duveyrier et B. C. Cahier. Rapport relatif aux troubles de Nancy. Impr. par ordre de l'assemblée nat. Nancy 1790, 103 p.
1790. 12 Décbr. Loi relative à l'insurrection de Nancy, et aux diverses procédures que cet événement a occasionnés. Paris, Impr. royale, 1790, 3 p.
1790. 12 Décbr. — Même loi. Paris, impr. N. H. Nyon, 1791, 2 p.
1792. 22 Juillet. Verbal-Prozess der Sitzung d. Gemeinde-Raths der Stadt Nancy. Strassb., Dannbach, 8 p.

410 **Neuhof (près Strasbourg).** — Reuss, Rud. Geschichte des Neuhofes bei Strassburg. Eine historische Skizze nach ungedruckten Dokumenten des Stadt-Archives. Strassburg 1884, in-8°, 108 p., br.

411 — (Röhrich, T. W.) Die evangelische Kirche auf dem Neuhof bei Strassburg, als Zeugniss für die innere Mission. Strassburg 1852, in-8°, 25 p., br.

412 **Neujahrsblätter (Elsässische).** Im Verein mit ihren Freunden herausg. von Aug. Stoeber u. Fr. Otte. Années 1843 à 1848. Basel, 6 vol. in-8°, demi-rel. veau fauve, têtes rouges. Av. portraits. (Bel. exempl.)

413 **Niebuhr, B. G.** — Golbéry, Ph. de. Notice historique sur la vie et les ouvrages de B. G. Niebuhr. 2e édit. Strasbourg 1834, in-8°, LXIV p., demi-rel. perc.

414 **Niederbronn.** — Cunier, G. H. Niederbronn dans la Basse-Alsace. Description topogr. etc. Strasb. 1827, VI—134 p. — Schreiber, A. Bade dans le Grand-Duché et ses environs. Traduit de l'allemand par J. Wolfrom. Carlsrouhe 1828. — En 1 vol. in-12, demi-rel. ord.

415 — Kirstein, W. Das Wasgaubad Niederbronn und seine Umgebung. (Streifzüge u. Rastorte im Reichslande, Heft II). Strassburg 1888, in-8°, 88 p., br. Av. 10 illustrations et 1 carte.

416 **Niederbronn.** — Kuhn, J. Description de Niederbronn et de ses eaux minérales. Strasbourg 1835, in-8°, X—240 p., br. Avec vue. (Taches de rousseur.)

417 — Matthis, Ch. Niederbronn et ses environs. — Nouveau guide du baigneur et du touriste. Strasbourg 1887, in-8°, 45 p., br. Avec vignettes et carte. (2 exempl.)

418 **Notice explicative histor.** et géogr. accompagnant la carte des excursions dans la chaine des Vosges et la Forêt-Noire. Strasb., Fietta, s. d., in-18, 86 p., cart. Av. vues et carte.

419 **Oberlin, Jer. Jac.** Orbis antiqui monumentis suis illustrati primae lineae. Argentorati 1790, in-12, VIII—280 p., plus les index, demi-rel. parch., av. coins.

420 — Blessig, J. L. Rede bei der Einweihung des Oberlin'schen Monuments in der Kirche zu St. Thomae gehalten, den 1. November 1811. Strassburg s. d., in-8°, 20 p., cart.

421 — Schweighaeuser, Joh. Memoriam Jeremiae Jacobi Oberlini, aequalibus posterisque commendat academia Argentoratensis. Argentorati 1806, in-8°, 80 p., demi-rel. perc.

422 **Oberlin, Louis-Frédéric.** — Dem Grabe Ludwig Friedrich Oberlin, geb. den 22. Augst 1771, gestorben den 19. April 1790, gewidmet von seinen Freunden und Freundinnen. S. l. 21. April 1790, in-8°, 4 p.

423 **Obernai.** — (Dorlan). Mémoire à consulter pour la ville d'Obernai, ... contre la commune de Bernardswiller. Strasbourg, in-4°, 120 p., br. Av. 1 carte.

424 **Oberseebach.** — Lutz, Jul. Mittheilungen aus der Geschichte der reformirten Gemeinde in Oberseebach und Schleithal (Unter-Elsass.) Weissenburg 1883, in-8°, 18 p., br.

425 **Obrecht, Ulr.** Alsaticarum rerum prodomus. Argentor. 1681. 1 vol. in-4°, XII—346 p., demi-rel. perc., non rogné.

426 **Observations sur la réponse** au Mémoire de la noblesse immédiate de la Basse-Alsace. S. l. 1789, in-8°, 13 p., br.

427 **Orbey.** — Bonvalot, Ed. Les coutumes du Val d'Orbey. (Extr. de la „Rev. hist. de droit franç. et étranger"). Paris 1864, in-8°, 56 p., demi-rel. parch., tête rouge, non rogné. (Rare).

428 **Ordonnance de Louis XIV,** Roy de France et de Navarre: ensemble les édits et déclarations touchant la réformation de la justice. Du mois d'Aoûst 1669. Paris 1669, in-4°, 108 p., plus la table, rel. veau anc. fatiguée.

429 **Organisation de l'église protestante** en Alsace. Une liasse de 15 pièces (in-8° et in-4°) des années 1844 à 1860.

430 **Orth, J.** Ein Gefängnissprediger im Elsass. Eine Erzählung. Mülhausen 1878, in-8°, 135 p., br.

431 **Orts-Lexikon (Historisch-geographisches)** des niederrheinischen Departements. Mülhausen 1865, in-8°, 196 p., br.

432 **Ott, Edm.** Un mot d'histoire sur l'Alsace et Strasbourg. 496—1681, 1789, 1870—1884. Paris 1884, in-8°, VIII—78 p., br.

433 **Ottmarsheim.** — (Benoit, A.) Ottmarsheim. (Extr. de la „Revue catholique d'Alsace".) Rixheim 1896, in-8°, 14 p., cart.

434 **Paravicini, Emanuel.** — Paris. Mémoire et consultation pour Em. Paravicini, maitre de forges à Lucelle, contre Coulaux aîne & Cie de Molsheim. Colmar 1833, 38 p.

435 **Patois.** — Fournier, A. Le Pertux d'Estaye et le château de l'Estaye. (Extr. des „Annales de l'Est"). Nancy 1889, gr. in-8°, 9 p., br.

436 **Pellet.** — Aux manes de Mr Pellet d'Epinal. Extrait du procès-verbal de la séance du 8 Avril 1830 de la Société d'Emulation des Vosges, suivi de quelques poésies. Epinal (1830), in-8°, 16 p., br.

437 **Penot, Ach.** Premières pages de l'histoire du monde. Leçons publiques données à Mulhouse. Mulhouse 1836, in-8°, 395 p., cart. demi-toile.

438 — Les institutions privées du Haut-Rhin. (Notes remises au comité départemental pour l'exposition universelle de 1867). Mulhouse 1867, gr. in-8°, 103 p., br.

439 **Pérégrinations (Les) d'un alpiniste** à travers les Alpes maritimes, les Basses-Alpes, le Dauphiné, la Savoie, la Suisse, etc., par un Alsacien. (Ammel?) Nice et Paris 1883, in-8°, 315 p., br.

440 **Pfeffel, Théoph. Conr.** Fables et Poésies choisies, traduites en vers français et précédées d'une notice biogr. par Mr Paul Lehr. Strasbourg 1840, gr. in-8°, 364 p., cart. Av. portr. de Pfeffel, 1 front. et 4 pl. color., plus quelques planches en noir. (Exempl. fortement taché).

441 — — Même ouvr. 2e édit. non ill. Paris 1850, in-12, 322 p., demi-rel. perc.

442 **Pfeffel, Théophile-Conrad.** — Stoeber, Aug. G. C. Pfeffel's Epistel an die Nachwelt, mit Anmerkungen und vierundzwanzig ungedruckten Briefen des Dichters, zur Einweihung von dessen Denkmal in Colmar, den 5. Juni 1859. Colmar 1859, in-8°, X—110 p., demi-rel. perc.

443 — — Gottlieb Conrad Pfeffel's Verdienste um Erziehung und Schule, Kirche und andere gemeinnützige Werke. Nebst 8 ungedruckten Briefen von Pfeffel und einem von Jung-Stilling. Strassb. 1878, in-8°, 63 p., br.

444 **Pilladius, Laur.** La Rusticiade, ou la guerre des paysans en Lorraine. Traduite par F. R. Dupeux. Nancy 1875—1876. 2 vol. in-8°, demi-rel. veau bl., av. coins, têtes dorées, non rognés. (Tirés a 150 exempl. — No. 99 sur papier chamois).

445 **Plombières.** — Plombières et ses thermes. Guide de l'étranger. Nancy 1880, in-16, 84 p., br. Avec 2 cartes et 2 lith

446 — Turck, Léop. Du mode d'action des eaux minéro-thermales de Plombières. 4me édit. Plombières 1847, gr. in-8°, XL—282 p., br. (Taches de rousseur).

447 **Poids et Mesures.** — Ackermann, J. J. Neu-verfertigte Rechnungen zum gemeinnützgen Gebrauche der Weinsticher, Wein- und Frucht-händler, wie auch aller derjenigen, so in der Provinz Elsass kaufen u. verkaufen. Colm. 1772, in-12, 340 p., rel. anc., tr. rouge. (2 expl.)

448 — Bonneau, Steph. Die Decimal-Rechnung, zum Gebrauch der Employierten, auf alle Arten der verschiedenen Masse, des Geldes, des Gewichts und der Ausdehnung anwendbar . . . Strassburg, An VI, in-16, 33 p., cart.

449 — Déclaration du Roy, concernant les poids et mésures. Du 16 Mai 1766. Colmar s. d., pet. in-4°, 7 p., cart.

450 — Frucht-Rechner (Strassburger). Strassb., s. d. (1826?), in-18 étroit, 74 p., cart. demi-parch.

451 — — Même ouvrage. Zweite Aufl., vermehrt mit dem Strassburger Holz-Rechner. Strasb., s. d., in-18, 80 p., plus quelques ff. en blanc, cart., genre agenda.

452 — Instruction sur les nouvelles mesures. Nancy. An IX, 84 p. — Tables de Comparaison entre les mesures anciennes et celles qui les remplacent dans le nouv. système métrique. Nancy, An IX, 47 p. (Incompl. des p. 19 à 26). — Tables de comparaison des mesures en usage dans le département de la Meurthe. Nancy, An XI, 17 p. — Les trois réunis en un vol. in-8°, cart. demi-parch.

453 — — Même ouvrage, broché.

454 **Poids et Mesures.** — Tarif de la réduction des monnoyes de France et de Lorraine. Nancy, chez Vincenot, s. d., in-24, 18 ff. non pag., br.

455 **Pont-à-Mousson.** — Benoit, A. Une inscription funéraire de Geoffroi de Kaysersberg à Pont-à-Mousson, 1358. Rixheim 1895, in-16, 14 p., br. Av. 1 pl. lith.

456 **Prévost, G.** — Notice sur l'affaire de Gabriel Prévost, condamné deux fois à mort (comme déserteur). Strasbourg 1830, 15 p.

457 **Pulversheim.** — Gallet. Mémoire pour le baron Félix Des Portes, contre J.-B. Munschina, inspecteur des eaux et forêts à Schlestadt, et consorts. Colmar s. d., 16 p. (Rente foncière, dite Mathaberzins, assise sur quelques propriétés éparses dans le ban de Pulversheim. Refus de paiement ou de rachat.)

458 **Rambervillers.** — Fournier, A. Rédaction du cahier des doléances, plaintes et remontrances du tiers-état de la Ville de Rambervillers, 1789. (Extr. des „Annales de la Soc. d'Emul. des Vosges"). Epinal 1877, in-8°, 25 p., br.

459 **Raon-l'Etape.** — Cabasse, P. Notes historiques et topographiques de la commune de Raon-l'Etape. (Extr. des mêmes Annales). Epinal 1877, in-8°, 49 p., br.

460 **Rathsamhausen, Casimir de.** — Axinger, Jos. Leben Casimir's von Rathsamhausen, Fürst-Abtes der vereinten Ritter-Stifte Murbach u. Lüders. Ein Beitrag zur Kirchen-Geschichte des Elsasses. Strassburg 1836, in-8°, VI—81 p., demi-rel. perc. (Sans le portrait).

461 **Rebe, Maria.** Goldene Hauben. Federzeichnungen aus dem Elsass. Gotha 1884, in-8°, 134 p., br.

462 **Réchicourt.** — Benoit, A. Le Comte de Réchicourt (Ruxsingen). (Extr. du „Journal des Communes d'Alsace-Lorr."). Strasb. 1879, in-8°, 3 p., cart.

463 **Recueil des règlements généraux** relatifs au partage des eaux courantes dans le départ. du Haut-Rhin entre l'agriculture et l'industrie. Strasbourg 1865, pet. in-fol., 142 p., br.

464 **Redslob, Henri-Théophile.** — Erinnerungen an Heinrich Theophil Redslob. Strassburg 1852, in-8°, 40 p., br.

465 **Réformation. — Jubilé de 1617.** — Bobhart, J. Ein Praesent vnd verehrung /einer Elsassischen Martinsganss / für Pater Peter Roesten . . . . gefälschet Lutherisch Jubeljahr. (Pamphlet contre le jésuite Roest). Strassb. 1618. (Très rare). — Knoll (le P.) Predicanten Fewerzeug etc. Molsh. 1619. (Très rare et recherché). —

466 — — Roest, Petr. Pseudojubilaeum anno 1617 insolenti festivitate a Lutheranis, tum ob dari coeptas maiorum nostrorum religioni in Germania tenebras, etc. Molshemii 1618, in-4°, VII—222 p., demi-rel. parch., av. coins. (Acerbe diatribe contre la fête jubilaire de 1617. — Curieux et rare).

467 — — Wolverdienter Messkram für den köstlichen Fewerzeug, welchen ein Jesuwider zu Moltzheim, (le P. Knoll), der seinen Orden verlassen u. ein Schlosser worden . . . . geschmidet unnd verkaufft. Strassburg, bey Chr. von d. Heyden, 1619, pet. in-4°, 21 p., demi-rel. parch. (Très rare).

468 — **Jubilé de 1817.** — Emmerich, F. C. T. Was soll uns die Jubelfeyer d. Reformation? Zwey Reden. Strassb. 1817, in-8°, 29 p., cart.

469 — Jung, A. Beiträge zu der Geschichte der Reformation. Abtlg. I u. II. Strassburg 1830. 2 vol. in-8°, demi-rel. perc.

470 — Laugel, Aug. La réforme au XVIe siècle. Etudes et portraits. Paris 1881, in-8°, 393 p., demi-rel. chagr. noir, non rogné.

471 **Règlement disciplinaire** pour les maisons centrales de force et de corrections. (1839 à 1842). **Manuscrit** in-4°, de 31 feuillets non pag., s. l. n. d., demi-rel., dos cuir, non rogné.

472 **Rehm, Ph. Jac.** De curiis dominicalibus, vulgò, Von Dinckhöffen. (Thèse.) Argentor. 1691, pet. in-4°, 40 p., demi-rel. toile. (Très rare).

473 **Reiber, F.** Notes d'ichthyologie alsacienne du XV. siècle. (Extr.) Colmar 1891, in-8°, 13 p., br.

474 **Reise eines Engländers** durch einen Theil von Elsass und Nieder-Schwaben. In Briefen verfasst und von seinem deutschen Freunde L. A. F. V. B. herausgegeben. — Fortsetzung der Reise eines Engländers durch einen Theil von Ober-Schwaben u. der Schweiz. Amsterdam u. Stockholm 1793—1794. 2 parties de 132 et 143 p., en 1 vol. cart., tr. rouges. (Rare).

475 **Remiremont.** — Benoit, A. Deux procès du chapitre de Remiremont à la fin du 18e siècle. (Extrait des „Annales de la Soc. d'Emul. des Vosges".) Epinal s. d., in-8°, 16 p., cart., dos toile.

476 **René, le Roi.** — Oeuvres choisies du Roi René, avec une biographie et des notices par Mr le Comte de Quatrebarbes, et un grand nombre de dessins et ornements, d'après les tableaux et man. origin., par Mr Hawke. 2e édit. Angers 1849. 2 tomes en 1 vol. in-4°, demi-rel. chagr. ord. (Taches de rousseur sur quelques feuilles).

477 **Reuchlin.** — Reuchlins Asche Heilig. Von den Mitgliedern und Candidaten des Seminariums. Strassb. 1788, in-8°, 8 p., dérelié.

478 **Reuss, Rod.** Charles de Butré (1724—1805). Un physiocrate tourangeau en Alsace et dans le margraviat de Bade. Paris 1887, in-8°, 214 p., br.

479 **Revolution française.** — Journal des décrets de l'assemblée nationale pour les habitants des campagnes. 3 vol. 1789—90, gr. in-8°, cart., non rognés.

480 — (Liblin, J.) Documents pour servir à l'histoire religieuse en Alsace pendant la révolution. Mulhouse 1859, in-8°, 102 p., demi-rel. perc. (Tiré à 200 ex. dont 180 en vente).

481 — Schneider, J. Geschichte der evangelischen Kirche des Elsass in der Zeit der französischen Revolution (1789—1802). Strassburg 1890, in-8°, VII—212 p., br.

482 — (Stupfel). Considérations sur les droits particuliers et le véritable intérêt de la province d'Alsace, pour servir d'éclaircissement à l'Assemblée Nationale. Strasbourg 1789, in-8°, VI—198 p., demi-rel. veau anc. (Premières et dernières pages remontées).

483 **Révolution de 1830.** — 1 liasse de 15 pièces relatives à la Révolution de 1830 et les événements de 1830 à 1848.

484 **Revue d'Alsace** (sous la direction de Mr J. Liblin). Années 1857, 1858, 1860, 1872, 1873 et 1874. En numéros.

485 **Revue alsacienne.** Années 1 à 8. Paris 1877 à 1885. 8 vol. cart. — Années 9 à 13. Paris 1885 à 1890. 5 vol. en livr. br.

486 **Revue catholique de l'Alsace. Serie 1:** T. I à X. Strasb. 1859 à 1868. 10 vol. gr. in-8°, demi-rel. perc. **Série 2:** T. I et II. Strasb. 1869 et 1870. 2 vol. gr. in-8°, demi-rel. perc. **Nouv. série:** T. II à VIII. Rixheim 1883 à 1889. 7 vol. gr. in-8°, demi-rel. chagr. — **Nouv. série:** T. IX à XVII. Rixheim 1890 à 1898, 9 vol. gr. in-8°, en livr. (Le T. I de la Nouv. série manque).

487 **Revue nouvelle d'Alsace-Lorraine et du Rhin.** 8e année, 1888/1889. Colmar. 12 Nos. in-8°, br.

488 **Revue du XXe Siècle.** Echos du pays d'Alsace-Lorraine et Revue universelle. 1892, Nos 1, 3 et 4. Bâle 1892, in-8°, 3 livr. br.

489 **Ribaupierre.** — Urkundenbuch (Rappoltsteinisches). 759—1500, her. v. Dr. Karl Albrecht. Bd. I—IV. Colmar 1891 à 1896. 4 vol. in-4°, cart., non rognés.

490 **Richert, Dr.** — Histoire complète d'un procès intenté à un docteur en médecine (Richert, de Boulay), par un client (Loewenbruck), dans le but d'obtenir des dommages et intérêts. Metz 1867, LXIII—54 p.

491 **Rippell, Gregorius.** Alterthumb, Ursprung und Bedeutung Aller Ceremonien, Gebräuchen, und Gewohnheiten der H. Catholischen Kirchen etc. Strasburg 1723, in-18, 560 p., plus préf. et registre, pl. rel. veau anc. Av. une vue de Schlestadt (?).

492 **Robert, A.** Guide du médecin et du touriste aux bains de la Vallée du Rhin, de la Forêt-noire et des Vosges. 2e édit. Paris et Strasb. 1869, in-12, XI—561 p., cart. angl. Av. 1 carte.

493 **Roger et consorts.** — Lettre à Mr Desclaux, procureur général près la cour royale de Colmar, en réponse à son réquisitoire pour demander le renvoi de Roger et consorts devant une autre cour que celle de Colmar. S. l., Décembre 1822, 14 p.

494 **(Roehrich, T. W.)** Die einst evangelischen Rheindörfer. Ein belehrender Beitrag zur Religionsgeschichte des Elsasses. Strassburg 1844, in-8°, 28 p., cart. demi-perc.

495 — Mittheilungen aus der Geschichte der evangel. Kirche des Elsasses. Strassburg 1855. 3 vol. in-8°, demi-rel. mar. rouge défr. (Très rare).

496 **Rudolph, H.** Vollständ. geograph.-topograph.-statistisches Orts-Lexikon von Elsass-Lothringen. Leipzig 1872, gr. in-8°, 78 p., cart.

497 **Ryff, M. Gualtherum Herm.,** Argentinum medicum. Des allen fürtrefflichsten / höchsten vnnd adelichsten gschöpffs aller Creaturen / . . . Das ist / des Menschen / oder dein selbst warhafftige beschreibung oder Anatomi / etc. Strassburg, bey Balth. Beck, 1541, in-fol., 6—73 ff., cart. Av. fig. s. bois. (Mauvais état, incompl. du feuillet 8 et de la moitié du feuillet 30).

498 **Sadolet, Jacques.** Epistre de Jaques Sadolet cardinal, envoyée au Senat et Peuple de Geneue, etc. Avec la Response de Jehan Calvin. (Réimpression de l'édit. orig. de 1540.) Genève 1860, in-12, 161 p., pl. rel. parch., filets d'or sur les plats, tête dorée. (Ouvrage épuisé).

499 **Saint-Dié.** — Chanteau, F. de. Du droit de batardise sur les membres du chapitre de Saint-Dié. (Extr. du „Cabinet hist."). Paris 1877, in-8°, 15 p., demi-rel. perc. (Tiré à 125 exempl. sur papier vergé).

500 — Sommier, Jean-Claude. Histoire de l'église de Saint-Diez. Avec les pièces justificatives . . . . Dédiée à notre Saint-Père le Pape Benoît XIII. A Saint-Diez, chez Dominique-Joseph Bouchard. 1726, in-18 de xxxvj et 479 p., br., non rogné.

501 — Vérité (La) sur la question judiciaire par un Vosgien. Mirecourt et Paris 1883, in-8°, 46 p., br.

502 **Sainte-Marie-aux-Mines.** — Catéchisme républicain à l'usage des écoles primaires. Sainte-Marie-a.-m. 1848, in-16, 11 p., br.

503 — (Groetzinger). Der letzte Gottesdienst in der Matten-Kirche. 16. Juni 1867. Strassburg 1867, in-8°, 12 p., br.

504 — Mühlenbeck, E. Claude Rouget. — Une Eglise calviniste au XVIe siècle (1550—1581). Histoire de la communauté réformée de Sainte-Marie-aux-mines (Alsace). Strasbourg 1881, gr. in-8°, XIV et 515 p., br. (Quelques exempl.)

505 **Sainte-Odile.** — Albrecht, Dionysius. History von Hohenburg, oder St. Odilien-Berg. Schletstatt 1751, in-4°, X—508 p., rel. veau ant. Av. 7 planches grav. (au lieu de 9). (Très bel exemplaire de cet ouvrage recherché).

506 **Sainte-Odile.** — Pfeffinger, Joh. Hohenburg, od. d. Odilien-Berg, sammt seinen Umgebungen in topographischer u. geschichtl. Hinsicht geschildert. Strassburg 1812, in-8°, VI—104 p., demi-rel. cuir ord. Mit 15 Plänen u. Abbildungen.

507 — Pilger (Der) nach Sankt-Odilien. Andachts-Uebungen zu Ehren der heil. Odilia. Strassb. 1849, in-24, 112 p., cart. Av. vue et portrait.

508 — Silbermann, Joh. Andr. Beschreibung von Hohenburg oder dem St. Odilienberg samt umliegender Gegend. Neue Auflage, besorgt von Adam Walther Strobel. Strassburg 1835, in-8°, IV—120 p., demi-rel. perc. (Sans les planches.)

509 **Samstagsblatt (Elsässisches)**, her. v. Fr. Otte. 1re à 11e années. Mülhausen 1856 à 1866, in-4°. Années 1 à 4 en 2 vol. cart., 5 à 11 en 3 vol. rel. perc. (Collection complète).

510 **Saverne.** — Christmann, L. Album d'Alsace et des Vosges. Saverne et ses environs. Strasbourg 1888—1891, 3 vol. in-folio. Av. 100 pl. phototyp. de Kraemer. En 3 portefeuilles.

511 **Schaeffer, Ad.** Théâtre de société. Poisson d'Avril. — Advienne que pourra. Colmar 1885, in-16, 32 p., br.

512 — Un Réveillon. Paris 1888, in-12, 158 p., br. Av. couverture ill.

513 **Schilling, Diebold.** Beschreibung der Burgundischen Kriegen. Bern 1743, in-4°, XII—404 p., pl. rel. veau, dos orn., tr. rouges. Avec 7 planches.

514 **Schlestadt.** — Enterrement civil (Un) à Schlestadt. Rixheim 1878, in-8°, 68 p., demi-rel. perc.

515 — Gény. Die Jahrbücher der Jesuiten zu Schlettstadt und Rufach 1615—1765. Strassburg 1895—1896. 2 vol. in-8°, br.

516 — Inauguration de la nouvelle bibliothèque municipale de Schlestadt le 6 juin 1889. Journal d'Alsace, No du 8 juin 1889.

517 — Walther, Ch. Fr. Histoire de la réformation et de l'école littéraire à Séléstadt, accomp. de quelques notices historiques sur cette ville. (Thèse). Strasbourg 1843, in-4°, 64 et 16 p., cart. demi-perc.

518 **Schlumberger, H.** Mémoire sur l'emploi des réservoirs pour régulariser le débit des cours d'eau, éviter les inondations et faciliter les irrigations pendant les sécheresses. (Extr.) Strasbourg 1870, in-8°, 12 p., br.

519 **Schneider, Eulog.** Gedichte. 2. verm. Ausg. Frankfurt a. M. 1790, in-16, XVIII—192 p., rel. bas., dos orné. Sans le portr. (Rare).

520 **Schneider, Euloge.** — Faber, C. W. Eulogius Schneider, philos. et theol. Doctor, der öffentliche Ankläger beim Revolutionsgericht zu Strassburg i. E. Vortrag. Mülhausen 1886, in-8°, 52 p., br.

521 — Rathgeber, Julius Eulogius Schneider. Strassburger Revolutionserinnerungen. Strassburg 1891, in-8°, 34 p., br. Avec portr.

522 **Schnitzler, J. H.** — (Spach, L.) Mr Schnitzler, statisticien et historien. Notice biographique par un ami du défunt. Strasbourg 1872, in-8°, 16 p., br.

523 **Schoepflin, Jean-Daniel.** — Oberlin, J. J. Museum Schoepflini. 3 parties en 1 vol. (Pars I: Lapidarium. II: Marmorarium. III: Vasarium). Argentor. 1770—1773, pet. in-4°, VIII—184 p., demi-rel. veau marbré, non rogné. Av. fig. et 17 planches.

524 **Schröder, Edw.** Das goldene Spiel von Meister Ingold. („Elsäss. Litteraturdenkmäler aus dem 14.—17. Jahrh.", T. III). Strassburg 1882, in-8°, XXXIII—98 p., cart. demi-perc.

525 **Schuch, Wolfgang.** — Coquerel, A. Vie et mort de Wolfgang Schuch, martyr brûlé à Nancy, le 21 juin 1525. (Extr. du „Bulletin de la Soc. du Protest. franç."). Paris 1854, in-8°, 19 p., cart.

526 **Schuler, Daniel-Théophile.** — Erinnerung an Daniel Theophil Schuler, im Leben Pfarrer zu St.-Nicolai etc. Strassburg 1853, in-8°, 32 p., br.

527 **Schuler, Gervais.** — (Culmann, F. W.) Skizzen aus Gervasius Schuler's Leben und Wirken in Zürich, Bischweiler, Bremgarten, Basel, Memmingen und Lenzburg, von 1520 bis 1563. Strassburg 1855, in-8°, 184 p., demi-rel. perc. Av. 1 fac-simile.

528 **Schupp, Jean-Georges.** — Meininger, Ernest. Le Centenaire de Jean-Georges Schupp. 1781. — 4 Février — 1881. Recueil des articles de journaux et des poésies parus. Mulhouse 1881, in-8°, 36 p., papier de Hollande, br. Av. portr., reprod. du menu, musique et un arbre généalogique.

529 **Schweighaeuser, J. G.** Notice sur les recherches relat. aux antiquités du département du Bas-Rhin. Str. 1822, in-16, 68 p., demi-rel. veau ord., (Av. dédicace autographe de l'auteur à Mr Kuntz, curé de Heiligenberg).

530 — Enumération des monuments les plus remarquables du département du Bas-Rhin et des contrées adjacentes. Strasbourg 1842, in-8°, 50 p., cart. demi-perc. (Grandes taches d'eau).

531 **Schwilgué, Jean-Baptiste.** — Schwilgué, Ch. Notice sur la vie, les travaux et les ouvrages de mon père J. B. Schwilgué. Strasb. 1857, in-8°, V—279 p., demi-rel. perc. Av. portr.

532 **Seillière, E. A.** Au pied du Donon. Scènes de moeurs vosgiennes. 2e édit. Paris 1861. in-12, 247 p., br., dos cassé.

533 **Siegfried, Ch. Aug.** — A la mémoire de Charles Auguste Siegfried. Discours prononcés lors de son enterrement, le 14 Novembre 1865. Strasbourg 1865, in-8°, 20 p., br.

534 **Silvestre, Isr.** — Faucheux. Notice sur la vie d'Israel Silvestre, et Catalogue de son oeuvre. (Extrait des „Mémoires de Stanislas"). Nancy s. d., in-8°, 336 p., br., sans titre.

535 **Sitzmann, Fr. J. Ed.** Aperçu sur l'histoire politique et religieuse de l'Alsace, depuis les temps les plus reculés jusqu'à nos jours. Belfort 1878, in-18, 181 p., br.

536 **Sleidan, Joh.** Veri et ad nostra tempora usque continuati, d. i. Warhafftige Beschreibung allerley fürnemmer Händel vnd Geschichten, so sich in Glaubens vnd andern weltlichen Sachen . . . biss auff dass 1620. Jahr nach Christi Geburt begeben vnd zugetragen. Andere vnd vmb viel mehr verbesserte Edition durch M. Oseam Schadaeum Strassb., by Christ. v. d. Heyden, 1625. Gepresster Schweinslederband mit Holzdeckeln u. Rothschnitt. 2 vol. in-fol. Av. portraits. (Superbe exempl.)

537 **Sleidan, Jean.** — Weltz, Phil. Etude sur Sleidan, historien de la réformation. (Thèse). Bischwiller 1862, in-8°, 56 p., demi-rel. perc.

538 **Sociétés.** — Oeuvre évangélique des aveugles à Illzach. Rapports des années 1877 à 1887, 1890 à 1893. — Asiles évangéliques de Bischwiller-Oberhoffen. Rapports des années 1887 à 1891. — Différentes autres pièces.

539 **Sonnette (Elsässische).** (Av. quelques vers allemands manuscrits sur la dernière page de G. A. Hoff à l'auteur de la Sonnette). Basel 1871, in-8°, 16 p., br.

540 **Soultzmatt.** — Méglin, J. A. Analyse des eaux minérales de Sultzmatt en Haute-Alsace. Strasbourg 1779, in-8°, IV—90 p., demi-rel. perc.

541 **Spielmann, Jacques Reinbold.** Prodomus florae argentoratensis. Argent. 1766, in-8°, 164 p., br.

542 **(Spach, L.).** — Lavater, L. Gedichte. Strassburg 1839, in-12, X—182 p., demi-rel. perc., couv. cons.

543 — Deux voyages d'Elisabeth d'Autriche, épouse de Charles IX, roi de France. Colmar 1855 à 1856. 2 parties, in-8°, 64 et 26 p., br.

544 — Archives départementales. — Rapport sur l'achat de 7 vol. manuscrits, se rattachant au fonds de l'Intendance. — (Extr. de l'„Annuaire du Bas-Rhin pour 1867"). Strasbourg 1867, in-8°, 12 p., cart.

545 — Lettres sur les Archives départementales du Bas-Rhin. Strasbourg 1862, in-8°, XVI—448 p., br.

546 — — Même ouvrage. Demi-rel. mar. rouge, non rogné.

547 — Rapport à Mr le préfet du Bas-Rhin sur le fonds de la préfecture de Haguenau et de la régence d'Ensisheim. Strasbourg 1856, in-16, 131 p., cart.

548 — Rapport sur les Archives départementales. — Rapport sur les Archives communales. Strasbourg 1843, in-4°, 24 p., sans titre, cart., dos toile.

549 — Oeuvres choisies, tomes I et II: Biographies alsaciennes. Strasb. 1866. 2 vol. gr. in-8°, br.

550 — Moderne Culturzustände im Elsass. Strassburg 1873—1874. 3 vol. in-12, br.

551 (—) Comptes-rendus bibliographiques (en allemand, tirés de la „Strassburger Zeitung") d'ouvrages relatifs à l'Alsace, etc. S. l. ni d., in-24, 79 p., br.

552 **Spach, Louis.** — Baumgarten, H. Dem Gedächtnisse des Professor Dr Ludwig Spach, Director des Archivs von Unter-Elsass. Rede gehalten am 18. October 1879. Strassburg 1879, in-8°, 6 p., br.

553 — Kraus, F. X. Ludwig Spach. Ein Nachruf. Strassburg 1880, in-8°, 93 p., pap. de Hollande, br. (Contient la Bibliographie complète de ses ouvrages).

554 **Spangenberg, Wolfhart.** — Martin, E. Ausgewählte Dichtungen von Wolfhart Spangenberg. („Elsässische Litteraturdenkmäler aus dem 14.—17. Jahrh.", Bd. IV.) Strassburg 1887, in-8°, XVI—349 p., br.

555 **(Spanheim).** Le Soldat suédois, ou Histoire véritable de ce qui s'est passé depuis l'avenuë du Roy de Suède en Allemagne jusques à sa mort. Dern. édit. Rouen 1642, in-18, rel. bas.

556 **Spener, Phil.-Jacques.** — (Schuler, Th.) Phil. Jac. Spener. (Lobrede zur 2. Säcularfeier seiner Geburt. Neujahr 1835). Strassb. 1835, in-8°, 16 p., demi-rel. perc. (Titre manque).

557 **Stackler, l'abbé.** — Mehl, J. B. Souvenir de la terreur 1796. Le prêtre martyr, l'abbé Stackler, curé de Neuve-Eglise (Val-de-Villé). Ste-Marie-a.-M. 1881, in-8°, 6 p., br. (En vers).

558 **Stahl, Aug.** — Dietz, Em. Un explorateur africain. Auguste Stahl, mort au Gabon pendant l'expédition française de 1880. Strasbourg 1884, in-8°, 64 p., br. Av. le portrait et 2 cartes.

559 — Visme, Jean de. Auguste Stahl. („Revue chrétienne", No du 5 Juillet 1881). Paris 1881, in-8°, 11 p. (p. 438—448), br.

560 **Stéphansfeld.** — Rapports divers, Notices statistiques, etc. relatifs à cet établissement et publiés de 1840 à 1860. 9 brochures.

561 **Stimmer, Tobie.** — Novae Tobiae Stimmeri sacrorum bibliorum figurae .... Newe Biblische Figuren / durch Tobiam Stimmer gerissen. Mit Lat. vnnd Teutschen Versen aussgelegt, (par Joh. Fischart). Strassb., Getruckt bei B. Jobin, 1590, in-18, 97 feuillets, dont le prem. titre et le dernier en blanc. Nombr. fig. sur bois av. encadrements. Reliure de luxe en mar. fin, dent. int., tr. dor. (Chambolle-Duru). Superbe exempl. conservé dans un étui en demi-rel. perc.

562 **Stoeber, Adolf.** Epheukranz auf das Grabmal einer Heimgegangenen. Lieder aus dem Trauerjahre. 2. Abdruck. Mülhausen 1884, pet. in-4°, 70 p., texte enc. d'un filet viol., rel. perc. noire, fers spéc.

563 **Stoeber, Ehr.** Lyr. Gedichte. Strassb. 1811, in-18, 120 p., demi-rel. perc.

564 — Gedichte. 3. verbess. u. verm. Aufl. Stuttgart u. Tübingen 1821, in-18, 272 p., demi-rel. toile.

565 — Steinthäler-Gedichte. Strassburg 1830, in-24, 40 p., titre lithogr., cart. demi-toile.

566 — Sämmtliche Gedichte und kleine prosaische Schriften. Strassb. 1835—1836. 3 vol. in-18, cart.

567 **Stöber, Ehrenfried.** — Leser, J. Am Grabe des elsässischen Dichters E. Stoeber, 31. Dez. 1835. (En vers). Strassburg 1835, in-8°. 4 p., cart.

568 **(Stoffel, G.)** Dictionnaire biographique d'Alsace. Liste préparatoire. (Av. la circulaire). Mulhouse 1869, in-4°, 111 p., demi-rel. perc.

Strassburg.

569 — **Archives.** — Inventaire sommaire des archives communales de la ville de Strasbourg antérieures à 1790, rédigé par J. Brucker. Série AA, parties 1 à 4. Strasbourg 1878 à 1886. 4 vol. in-4°, demi-rel. chagr. brun, têtes dorées, non rognés.

570 — **Berdellé, Ch.** Bavardages de Mesdames mes cousines, autrement dit des commères de Strasbourg, entremêlés de quelques autres commérages alsaciens, traduits en français. Paris 1882, gr. in-8°, XI—140 p., br.

571 —**Capitulation de 1681.** — Deduction (Kurze und Gründliche) derjenigen Ursachen, warumb des Heiligen Römischen Reichs Freyer Stadt Strassburg im Elsass gelegene Herrschafften und Güter, unter der Königlichen Frantzösischen Souverainеté nicht können oder sollen begriffen werden. (Extr. du „Diarium Europaeum", Franckf. a. M. 1680). 1 vol. pet. in-4°, demi-rel. perc.

572 — — (Rathgeber, J.) Zur Geschichte der Strassburger Kapitulation von 1681. Historische Rückblicke eines Elsässers auf die Zeit v. 1648 bis 1697. Strassburg 1882, in 8°, V—96 p., br. (2 exempl.)

573 — **Casino littéraire.** — Bibliothèque du Casino commercial et littéraire de Strasbourg. Relevé des ouvrages acquis en 1872. Strasbourg 1873, in-8°, 14 p., br.

574 — **Chroniques.** — Bericht (Summarischer) mit beylagen A biss T von etlichen der Statt Strassburg zum H. Reich gebrachten Freyheiten, auch was und welcher gestalten Kaysers Caroli V., Commissario in anno 1547 daselbsten geschworen worden. S. l. 1662. Pet. in-4°, 34 p., br.

575 — — Goldmeyer, A. Strassburgische Chronica astrologisch beschrieben, darinnen vom Ursprung, Erbaw- und Erweiterung der Statt Strassburg, etc. gehandelt wird. Sampt angehengter Beschreibung dess kostbahren und in aller Welt berümbten Münsters. Strassburg 1636, pet. in-4°. VIII—95—35 p., cart. (Très rare.)

576 — **Costumes.** — Costumes strasbourgeois. Recueil sans titre av. 22 pl. costumes (8 hommes et 14 femmes), dont 6 signées Weis fe 1740. Un fascicule pet. in-4°, br. Très rare, mais incompl. d'une vue de Strasb. et de 2 planches. (La 1re pl. est en partie remontée, la 2e est tachée d'encre, les autres sont bien conservées et n'ont que par-ci et par-là des taches de rousseur).

577 — — Evidens designatio receptissimarum consuetudinum ornamenta, etc. Argentorati, excudebat Joann Carolus, 1606. 1 vol. in-8°, 5 ff. et 59 pl., rel. perc., tête rouge, non rogné, br. (Reproduction

Strasbourg.

en 55 exempl. de ce livre de la plus grande rareté (No. 54), avec une notice bibliographique par Mr Thiebault).

578 — **Costumes.** — Représentation de l'ancien habillement de Strasbourg. — Vorstellung der alten Strassburger Kleidertracht. Zu finden bey Fr. Ant. Häussler, Buchbinder, wohnhaft hinter dem Münster in Strassburg. S. d., pet. in-4°, pet. vue de Strasb. collée sur le titre et 19 pl. de costumes av. légendes en all. et franç. Les pl. sont toutes signées F. B., à l'exception de la 19e qui donne le nom en complet: Fonbonne, Sculp. (Extrêmement rare).

579 — — Ritus depositionis. Argentorati, apud Petrum Aubry, 1666. 1 vol. in-8°, 22 pl. et 56 p., rel. en parch. (Reproduction mod. Exemplaire sur parchemin vélin.)

580 — **Dez, Joan.** Vereinigung der Protestierenden zu Strassburg mit der Römischen Kirchen, alss welche zu ihrem Heil nöthig und nach ihrer Lehre leicht ist. Strassburg 1688, in-16, LVIII—526 p., rel. veau anc. fat.

581 — **Dialecte strasbourgeois.** — Die Büll ineffabilis vom Bapst Pius IX. uf Stroszburjer Dytsch. Zweiti, verbesserti Uflâu. Stroszburj 1886, in-4°, sous couverture. (Reproduction photogr. d'une miniature de Mr le chanoine Keller, anc. aumônier de la Toussaint).

582 — — Cri-Cri. Journal du club des Cri-Cri. 1882 à 1885. 4 années en 50 Nos, in-fol., autogr.

583 — **Ecoles. — Gymnase protestant.** — Festschrift zur Feier des 350jährigen Bestehens des protestantischen Gymnasiums zu Strassburg. Strassburg 1888, in-8°, 2 parties en 1 vol., IX—392—291 p., br. Av. grav.

584 — — — Schmidt, Joh. Fünff Christl. Predigten / von Geistlichen Schulbrunnen: . . . Auff dess Strassburgischen Gymnasii Jubelfest / Anno 1638 : gehalten. Strassb. 1641, pet. in-4°, 7 feuillets n. p. — 327 p. — Suivi de 10 p. de musique (Fons israelis). 1 vol. rel. parch., tr. bleues. (Très rare).

585 — **Eglises. — Cathédrale.** — Dumont, Alb. La Cathédrale de Strasbourg. Remarques archéologiques. Paris 1871, in-8°, 32 p., br.

586 — — — Görres, J. v. Der Dom von Köln u. das Münster von Strassburg. Regensburg 1842, in-8°, 136 p., br.

587 — — — Klotz, E. Cathédrale de Strasbourg. Projet de couronnement à établir sur la coupole du choeur. 1r et 2e rapports. Strasb. 1875 et 1878. 2 brochures de 7 et 14 p. Av. 9 planches phot. (Incplt. de la pl. VII).

588 — — — — Recherches sur un bas-relief en bronze attribué aux anciennes portes de la Cathédrale, faites à l'occasion de l'établissement des nouveaux vantaux. Strasb. 1876, gr. in-8°, 35 p., cart. Av. 2 pl.

589 — — — Münster- u. Thurn-Büchlein (Strassburger), oder Kurtzer Begrif der merckwürdigsten Sachen, so im Münster und dasigen Thurn zu finden. 2. Aufl., her. von Jos. Schweigheusser. Strassb. 1765, in-18, VIII—191 p., cart. (Incompl. de 3 gravures).

590 — — — Schuler, Th. (Graveur). Das Strassburger Münster. Neue, völlig umgearbeitete, mit 6 Kupf. von Schuler gezierte Auflage der Beschreibung desselben. Strassburg 1817, in-12, X—119 p., demi-rel. cuir ord. (2 exempl.)

591 — — **Saint-Guillaume.** — Huber, Joh. Christl. Danck- und Denckpredigt bey glücklich vollbrachter Erweitterung und Vernewerung der Pfarrkirch zu St. Wilhelm zu Strassburg. Nebst Bericht von S.

Strasbourg.

Wilhelmo, u. denen alten u. newen Wilhelmern in Strassburg; von dem Uralten adelichen Stift zu St. Stephan, etc. Strassb. 1657, pet in-4°, 202 p., plus dédicace et table. Rel. velour, tr. dorées. Av. 2 pl.

592 — **Eglises.** — **Sainte-Aurélie.** — Heinemann, J. G. Die Kirche Sanct-Aurelien in Strassburg. Ein Beitrag z. Gesch. unserer Vaterstadt. Strassb. 1865, in-8°, IV—118 p., demi-rel. toile. Av. 1 pl.

593 — — **Temple-Neuf.** — Einweihung der Neuen Kirche zu Strassburg am 4. Oktober 1877. Strassb. 1877, in-8°, 38 p., br.

594 — — — Sengenwald, J. Bericht über den Wiederaufbau der Neuen Kirche, dem Konsistorium am 29. Nov. 1875 . . . vorgetragen. — Exposé des faits relatifs à la reconstruction du Temple-Neuf etc. (Texte allem. et franç.) Strasb. 1876, in-8°, 19 p., cart.

595 — — — — Bericht über den Bau der Neuen Kirche, dem Neukirchkonsistorium in der Sitzung vom 19. April 1880 vorgetragen. Strassburg 1880, in-8, 14 p., br.

596 — **Engelhardt, Ed.** La tribu des bateliers de Strasbourg et les collèges de nautes gallo-romains. (Extr. de la „Revue alsacienne"). Nancy 1887, in-8°, 20 p., br.

597 — **Evênements et Fêtes.** — **1790.** — Leypold. Lied auf Ludwig, König der Franken, an Ludwig des Heiligen Fest zu Strassburg im Jahre 1790 zu feiernden Geburts-Tag. In Musik gesetzt von Pfeffinger, Capellmeister der Evangelischen Gemeinde. Strassburg 1790, in-4°, 4 p., cart.

598 — — **1806.** — Ausschreiben des Directoriums A.-C. zu Strassburg, das Erndte- und Herbst-Fest, sowie das Krönungs-Fest Napoleons, etc. betreffend. Strassburg 1806, in-4°, 4 p., br.

599 — — — Relation des fêtes données par la ville de Strasbourg à leurs majestés impériales et royales les 22 et 23 janv. 1806, à leur retour d'Allemagne. Rédigée et imprimée par ordre du corps municipal. Strasb. 1806, in-fol., 18 p., av. 5 pl. de B. Zix, gravées p. C. Guérin, en feuilles, sous couverture. (Les marges du bas sont un peu abîmées).

600 — — **1814.** — Blessig, J. L. Rede bei der Dankfeier für die glückliche Wiederkehr des Königs in sein Reich und seine Hauptstadt, in der Neuen Kirche zu Strassburg, den 22. May 1814 gesprochen. Strassburg s. d., in-8°, 14 p., cart.

601 — — — Cuvier, R. Discours en actions de grâces pour le rétablissement de la paix, suivi d'un hommage à la mémoire de Louis XVI; prononcé dans l'église protestante de Nancy. Nancy 1814, in-8°, 20 p., cart.

602 — — — (Petersen). Trauerfest zum Andenken an Ludwig den XVIten: gefeyert von der reformirten Consistorialkirche Strassburgs, Sonntags, den 19. Juni 1814. Strassburg s. d., in-8°, 16 p., cart.

603 — — **1820.** — Matter, Jacques. Discours prononcé à Strasbourg, à l'église du Temple-Neuf, le 8 Octobre 1820, au service solennel célébré en actions de grâces de la naissance de S. A. R., le duc de Bordeaux. Strasbourg s. d., in-8°, 8 p., cart.

604 — — **1824.** — Beck, J. J. Oraison funèbre de S. M. Louis XVIII, roi de France et de Navarre, prononcée à Strasbourg le 28 Septembre 1824, au Temple Neuf, ... précédée d'une description de la pompe funèbre qui a eu lieu à la même occasion. Strasbourg (1824), in-8°, 22 p., cart.

605 — — **1836.** — Réunion musicale alsacienne. — Souvenir des fêtes de 1836. Strasb. (1836), in-8°, 48 p., br. (Taches de rousseur).

Strasbourg.

606 — **Evênements et fêtes.** — **1848.** — Erinnerung an die zweihundertjährige Feier des westphälischen Friedens und der Vereinigung des Elsasses mit Frankreich. Strassburg 1847, in-16, 21 p., cart.

607 — — **1883.** — Jubiläum (Das 50 jährige) der Strassburger Pastoral-Conferenz. Ein Beitrag z. Gesch. der evang. Kirche in Els.-Lothr. (4. Lief. v. Bd. VIII des „Archiv der Strassb. Past.-Conf."). Strassburg 1883, in-8°, br.

608 — **Graffenauer, J. P.** Topographie physique et médicale de la Ville de Strasbourg. Strasbourg 1816, in-8°, VIII—312 p., cart. demi-perc. (Incomplet de la vue et du plan).

609 — **Gutenberg.** — Fêtes de Gutenberg: Exposition des produits de l'industrie alsacienne, ouverte au Château du 26 Juin au 24 Juillet 1840. Strasbourg 1840, in-8°, 20 p., br. Av. 1 lithogr.

610 — — Lempertz, H. Beiträge zur älteren Geschichte der Buchdruck- und Holzschneidekunst. — Erstes Heft. 2. verm. Aufl. Köln 1839, in-4°, cart. demi-perc. Av. grav. s. bois. (Rare).

611 — Schmidt, Ch. Zur Geschichte der ältesten Bibliotheken und der ersten Buchdrucker zu Strassburg. Strassburg 1882, gr. in-8°, VI—200 p., br.

612 — **Hospices civils.** — Marquaire et Thei-. Mémoire pour la commission administrative des hospices civils réunis de la ville de Strasbourg, en réponse à la demande du bureau de bienfaisance de la même ville, ayant pour objet de faire séparer les biens et revenus de la fondation de St.-Marc de l'administration des hospices réunis. Strasbourg 1844, in-4°, 67 p., cart.

613 — **Koenigshoffen.** — Merck, L., Notice sur une statuette de Mercure découverte à Koenigshoffen. (Extr. du ‚Bulletin de la Soc. des Mon. hist. d'Alsace"). Strasbourg 1866, in-12, 10 p., sur papier rose, cart. (Rare).

614 — **Kruse, E.** Verfassungs-Geschichte der Stadt Strassburg, besonders im 12. u. 13. Jahrhundert. — **Schoop, A.** Verfassungsgeschichte der Stadt Trier v. d. ältesten Immunitäten bis z. Jahre 1260. (Westdeutsche Zeitschr. f. Gesch. u. Kunst. Ergänz.-Heft I) Trier 1884, in-8°, 162 p., br.

615— **Löper, Carl.** Die Rheinschifffahrt Strassburgs in früherer Zeit und die Strassburger Schiffleut-Zunft. Nebst einer einleitenden Abhandlung: Das Zunftwesen und die Stadtverfassung der alten Reichsstadt Strassburg, von E. Trauttwein v. Belle. Strassb. 1877, in-8°, VIII—310 p., demi-rel. perc.

616 — **Lornier, M.** Ville de Strasbourg. Mémoire sur les études faites pour la distribution d'eaux potables et arrosables. Atlas de 6 feuilles de dessins. Strasbourg 1859, pet. in-fol., br.

617 — **Mémoires de la société de médecine** de Strasbourg. T. I à XXIV. Strasb. 1850 à 1887, in-8°, en vol. et fasc. br.

618 — **Ordonnances.** — Ordnung Keyserlicher Majestet delegierten Cammerrichtern inn der Stadt Strassburg. S. l. n. d. in-4°, 26 p., cart. Av. les arm. de la ville.

619 — — **1766—1789.** — Regiments-Verfassung. — Der Stadt Strassburg Regiments-Verfassung in Anno 1766, 1768, 1782 à 1789. Strassburg 1766 à 1789. 10 vol. in-24 et in-18, cart., rel. veau anc. et demi-rel. veau mod., tr. rouges. En partie interf. de papier blanc.

620 — — **1839.** — Recueil des arrêtés du maire de Strasbourg sur la police de la ville. Strasbourg 1839, in-8°, IV—210 p., br.

Strasbourg.

621 — **Nouveau Plan de Strasbourg.** Strasbourg 1849, lith. E. Simon. Plié in-12, cart.

622 — **Plan der Stadt Strassburg,** nebst Erweiterung. Mit 1 Uebersichtskärtchen der Umgebung. Strassb. 1882, plié in-12, br.

623 — **Prisons civiles.** — Eggs, d'. De l'état actuel des prisons de Strasbourg au point de vue sanitaire et médical. Strasbourg 1866, in-8°, 64 p., cart.

624 — — Marchal, J. L. A. Notice sur les prisons de Strasbourg. Strasbourg 1841, in-8°, VI—162 p., br. Av. 2 vues, 3 plans et 4 tableaux statist.

625 — **Rautenstrauch, J.** Strassburg nach seiner Verfassung beschrieben. (En vers). Colmar 1770, in-12, 74 p., cart. Avec pet. vue de Strasbourg, par Striedbeck.

626 — **Réformation.** — Calvary, S. Beiträge zur Reformationsgeschichte von Strassburg. (Extrait des „Mittheilungen aus dem Antiquariate von S. Calvary & Co, Berlin"). Berlin 1870, in-8°, p. 55 à 110 = 56 p., demi-rel. toile. Av. 2 pl. (Cet ouvrage est précédé du „Verzeichniss seltener u. werthvoller Werke", Nos 1 à 6, 63 p.)

627 — — Correspondenz (Politische) der Stadt Strassburg im Zeitalter der Reformation 1517—1545. Strassburg 1882 à 1898. 3 vol. gr. in-8°, br.

628 — — Horning, W. Briefe von Strassburger Reformatoren, ihren Mitarbeitern u. Freunden über die Einführung des „Interims" in Strassburg (1548—1554). Strassburg 1887, in-8°, 51 p., cart. demi-perc.

629 — — **Jublié de 1617.** — Jubilaeum Lutheranum Academiae Argentoratensis, sive Acta secularis gaudii etc. Anno 1617. 2 part. en 1 vol. Argentorati 1618, pet. in-4°, demi-rel. parch., av. coins, tr. rouges. (Rare.)

630 — — **Jubilé de 1817.** — Stoeber, E. Strassburger Jubelfeier der Reformation. 1re édit., 15 p., avec 2 cantiques y joints. Strassburg 1817, in-8°, 4 et 15 p., cart.

631 — — — Villers, Ch. de. Précis historique sur la présentation de la confession d'Augsbourg à l'empereur Charles-Quint, par plusieurs princes, états et villes d'Allemagne. Suivi du texte de la confession d'Augsbourg en trad. franç. Strasbourg 1817, in-12, VII—154 p., demi-rel. perc.

632 — — Nachricht (Kurze) über die Augsburgische Confession, nebst einem gedrängten Berichte über die Reformation in Strassburg. Strassburg 1830, in-12. 30 p., demi-rel. perc.

633 — **Révolution.** — Administration municipale de la commune de Strasbourg. — Extrait des délibérations. — Recueil factice 1790—1797. 2 vol. in-8°, demi-rel. perc.

634 — — Déclaration de la Ville de Strasbourg à l'Assemblée Nationale. (Strasb. 1789), in-4°, 15 p., cart.

635 — — Meiners, C. Beschreibung einer Reise nach Stuttgart u. Strassburg im Herbste 1801. Nebst einer kurzen Geschichte der Stadt Strassburg während der Schreckenszeit. Göttingen 1803, in-18, 534 p., cart.

636 — — Metz, Fr. Ign. Rapport sur la situation des finances de la commune de Strasbourg au 15 novbr. 1791. Strasbourg 1792, in-4°, 48 p., demi-rel. toile.

637 — — Procès-verbal des séances du Conseil général de la Commune de Strasbourg, du 20 Août 1790, etc. Strasbourg 1791, in-8°, 335 p., demi-rel. perc.

Strasbourg.

638 — **Révolution.** — Sammlung authentischer Belegschriften zur Revolutions-Geschichte von Strassburg. (Das sogenannte Blaubuch.) Strassburg (1794). An II. 2 vol. in-8°, br.

639 — **Saint-Thomas (Affaires de).** — Notice sur les fondations administrées par le séminaire protestant de Strasbourg. Strasbourg 1854, in-4°, 88—XC p., demi-rel. perc.

640 — — Polémique protest. et cathol. concernant les biens et droits de ces fondations. 10 brochures. Strasb. 1843—1856, in-8°.

641 — **Schützenberger, G. F.** Esquisse historique de la Constitution de Strasbourg. Strasbourg 1843, in-4°, 30 p., br.

642 — **Schweighaeuser fils, J. G.** Mémoire sur les antiquités romaines de la ville de Strasbourg, ou sur l'ancien Argentoratum. Strasbourg s. d., in-8°, 56 p., dérelié.

643 — **Siége de 1870.** — Après le Bombardement. Soirées musicales à l'Atelier de Mr Félix Haffner. Strasbourg 1870, in-8°, demi-rel. perc. Av. 1 pl. (Ravissante plaquette imprimée à petit nombre pour les amis. — Rare).

644 — — Projet de budget pour l'année 1872. Rapport du maire. — Rapport de la commission. Strasbourg 1871. 2 brochures in-8°, 107 et 59 p.

645 — — Walther, Alfred. Oeuvre internationale. Soc. franç. de secours aux blessés et malades militaires. — Rapport du comité auxiliaire de Strasbourg. Strasbourg 1871, gr. in-8°, 71 p., br.

646 — — Zopff, A. Quelques explications adressées à ses concitoyens au sujet de ses fonctions municipales pendant le siège de Strasbourg et de son voyage à Tours. Strasbourg 1871, in-8°, 56 p., br.

647 — **Société des Amis des Arts.** — Album de la Société des amis des arts de Strasbourg pour 1859. 7 planches av. texte explicatif. (Un vitrail du 13e siècle de la Cathédrale, par Petit-Gérard (col.), Hans im Schnockeloch, par Th. Schuler, etc.) Strasbourg 1859, in-4°.

648 — **Sociétés philantropiques.** — Rapports divers des Société des amis des pauvres, Société pour l'extinction de la mendicité, Société pour les jeunes détenus libérés et Société des loyers.

649 — **Université.** — Erichson, Alfr. Das Strassburger Universitätsfest vom Jahre 1621. Ein Rückblick. Strassburg 1884, in-12°, 15 p., cart. Av. 2 pet. vues.

650 — — — Der alten Strassburger Hochschule Erstes Jahrhundertfest am 1. Mai 1667. Ein Rückblick. Strassburg 1897, in-8°, 14 p., br.

651 — — Festschrift zur Einweihung der Neubauten der Kaiser-Wilhelms-Universität Strassburg. 1884. Strassburg 1884, in-4°, VII—151 p., br. Av. 16 pl. photolith. et grav.

652 — — Gerock, J. E. Die Naturwissenschaften auf der Strassburger Universität. 1760—1792. („Journal der Pharmacie von Els.-Lothr.", 1897, No 2). Strassb., in-8°, p. 40—55, br.

653 — — Hausmann, Dr. S. Die Kaiserliche Universitäts- und Landes-Bibliothek in Strassburg. Festschrift z. Einweihung des neuen Bibliotheksgebäudes. Strassburg 1895, gr. in-8°, 51 p., br. Av. 7 illustr.

654 — — Reuss, Rod. Les statuts de l'ancienne université de Strasbourg. (Extr. de la „Revue d'Alsace"). Mulhouse 1873, in-8°, 56 p., demi-rel. toile.

Strasbourg.

655 — **Université.** — Sturm, Carl. Die Einweihung der neuen Gebäude der Kaiser-Wilhelms-Universität Strassburg. 26. bis 28. October 1884. Strassburg 1884, in-8, VII—80 p., cart. demi-perc.

656 — **Wencker, Jac.** Dissertatio de Pfalburgeris . . . . . accesserunt Disquisitiones de Usburgeris et Glevenburgeris. Argentorati 1698. 1 fort vol. pet. in-4°, rel. veau anc., dos orn. (Ouvrage recherché).

---

657 **Tacuini sanitatis** Elluchasem Elimithar Medici de Baldath, de sex rebus non naturalibus, earum naturis, . . . Albengnefit de virtutibus medicinarum et ciborum. Jac. Alkindus de rerum gradibus. Argentorati, apud Joannem Schottum, 1531, in-fol., 163 et 7 p., fig. sur bois, superbe rel. en mar. vert, tr. dor., dent. int. (Duru 1854). Le vol. est conservé dans un étui en demi-perc., av. titre.

Bel exemplaire d'un livre très rare non cité dans Brunet. Au bas des pages 19 à 117, sont des représentations relatives à la médecine et à l'hygiène. On y voit des scènes très curieuses et d'une naïveté peu décente.

658 **Tann-Rathsamhausen, Frhr. Ludw. von u. zu der.** — Zernin. Freiherr Ludwig von und zu der Tann-Rathsamhausen. Eine Lebensskizze. (Sonderabdruck aus der „Allg. Militär-Zeitung“). Darmstadt 1884, in-8°, 52 p., br. Av. portr.

659 **Tardif, Jules.** Archives de l'Empire. — Inventaire et documents publiés par ordre de l'Empereur: Monuments historiques. Cartons des Rois. Paris 1866, in-4°, CXIV—XIX—711 p., demi-rel. amat., dos et coins en mar. rouge, tête rouge, n. rogné. Av. 1 atlas gr. in-fol.

660 **Vieux-Thann.** — Straub, l'abbé A. L'Eglise de Vieux-Thann. Strasb. 1875, gr. in-8°, 20 p., br. Av. 1 pl. chromolith.

661 **Theiler, J.** Hinterlassene Schriften. (her. v. J. Leser). Strassburg 1829, in-8°, XI—84 p., br.

662 **Thiriat, Xavier.** — Journal d'un Solitaire et voyage à la Schlucht par Gérardmer, Longemer et Retournemer. Nouv. édition. Saint-Dié 1874, in-8°, XIX—254 p., demi-rel. perc.

663 **Thirion, H.** Les Adam et Clodion. Paris 1885, in-4°, 415 p., superbe demi-rel. en mar. rouge, av. coins, tête dorée, non rogné. Av. fig. et planches.

664 **Thurner, Jacques.** Table générale et alphabétique des Actes de la Préfecture du département du Haut-Rhin, depuis le 5 Messidor an IX, jusqu'au 1r Septembre 1858. Colmar 1858, in-8°, 288 p., demi-rel. perc.

665 **Traité de paix définitif** conclu entre la Rép. franç. et l'Empereur, Roi de Hongrie et de Bohème (à Campo-Formia). Basle s. d., in-4°, 4 p.

666 **Trois-Evêchés.** — Maguin. Droit spécial aux Trois-Evêchés. (Extr. des „Mém. de la Soc. d'Arch. et d'Hist. de la Moselle“). Metz 1862, in-8°, 16 p., br.

667 **Trolé, Valterre et Peugnet.** — Précis du procès de MM. Trolé et consorts, ex-officiers d'artillerie, prévenus d'attentat contre le gouvernement royal et d'associations sécrèttes dans leurs corps respectifs. Strasbourg 1822, 128 p. (2 exempl.)

668 **Ungerer, Adolph.** Stimme aus dem Elsass. Gedichte. Leipzig 1891, in-18, VIII—207 p., br.

669 **Varia.** — Alsatisches Allerley. Recueil factice en 2 vol. cart. Pièces franç. et allem. relatives en majeure partie à la religion et à la politique, et pour la plupart imprimées à Strasbourg.

670 **Varia.** — Une liasse: Numéros des Affiches de Strasbourg des années 1886 et 1887. — Quelques pièces relatives aux élections. — Ouvrages incomplets.

671 **Vermigli, Pierre Martyr.** — Schmidt, Charles. Vie de Pierre Martyr Vermigli (Thèse). Strasbourg 1835, in-4°, 56 p., br.

672 **Véron-Réville.** Le régime colonger en Alsace, d'après les derniers documents. Metz 1866, in-8°, 96 p., br. (Rare).

673 **Villé (le Val de).** — Kaerger, K. Die Lage der Hausweber im Weilerthal. („Abhandlungen aus dem Staatswissenschaftlichen Seminar zu Strassburg", Heft II). Strassb. 1886, in-8°, VII—192 p., br.

674 **Vincent, J.-B.** Poème de 250 vers sur les règles complètes du Jeu de la tierce, autrement dit Tertelé. Mulhouse 1876, in-16, 15 p., br.

675 **Voïart, Mme Elise.** — Benoit, Louis. Eloge de Madame Elise Voïart. Discours . . . du 27 Mai 1869. (Extr. des „Mémoires de l'Académie de Stanislas"). Nancy 1869, in-8°, 24 p., demi-rel. perc. Av. portr.

676 **Vosges.** — Annales de la Société d'émulation du département des Vosges. T. IV cplt., VI 1, VII 2 et 3, VIII 1 et 2, IX 1 et 2, X 1 et 3, XI 2 et 3, XII 1 et 2, et XIII 2. Epinal 1840 à 1869, in-8°, en fasc. br. (T. IX 1 et T. X 3 sont en double).

677 — Bulletin de la Société philomatique vosgienne. 13e année. 1887 à 1888. Saint-Dié 1888. 1 vol. in-8°, br.

678 — Documents rares ou inédits de l'histoire des Vosges, rassemblés et publiés au nom du Comité d'histoire vosgienne. T. I à X. Epinal 1868—1891. 10 vol. in-8°, dont les 5 premiers en demi-rel. et les autres brochés.

679 — Haillant, N. Bibliographie vosgienne de l'année 1883, ou Catalogue méthodique et raisonné des publications sur les Vosges. (Extr. des „Annales de la Soc. d'Emul. des Vosges"). Epinal 1884, in-8°, 87 p., br.

680 — Hogard, Henri. Description minéralogique et géologique des régions granitique et arénacée du système des Vosges. Epinal 1837, in-8°, XVI—423 p., demi-rel. chagr. (L'Atlas in-fol. manque).

681 — Jouve, Louis. Voyages anciens et modernes dans les Vosges. Promenades, descriptions, etc. 1500—1870. Epinal 1881, in-16, XII—241 p., demi-rel. perc.

682 — Lepage, H., et Charton, Ch. Le département des Vosges, statistique, historique et administrative. 1e partie. Nancy 1845, gr. in-8°, 1056 p., demi-rel. cuir ord., non rogné.

683 — Louis, Léon. Le département des Vosges. Tome IV: Population; histoire; biographies; archéologie, etc. — T. VI et VII: Dict. hist. et stat. des communes, etc. Epinal 1887—1889. 3 vol. gr. in-8°, demi-rel. veau, non rognés.

684 — Pellet. Le Barde des Vosges. Recueil de poésies. 2e édit. Paris 1829, in-18, 372 p., br. Av. 2 vues lith.

685 **Wangen.** — Blétry. Mémoire pour Michel Simon, vigneron à Wangen, contre l'hospice des jeunes aveugles à Paris. Colmar s. d., 58 p. (Rentes en vin).

686 **Weislinger, J. N.** Friss Vogel oder stirb! Das ist: Ein wegen dem wichtigen Glaubens-Articul des Christenthums / von d. wahren Kirchen / mit allen uncatholischen Prädicanten / scharff vorgenommenes Examen und Tortur / . . . . Oberammergau, 1751, in-18. Avec 7 planches et 1 frontisp. — Zweihundert-Jähriges Jahr-Gedächtnuss auf D. Martini Lutheri Todes-Fall. Strassb. 1746, in-18, 128 p. Avec 2 portr. — Les 2 ouvrages réunis en 1 vol. rel. parch., tr. rouges.

687 **Wendling, Em.** Alsatiana, ou la princesse fidèle. Conte de fées de l'année 1881. 2e édit. Paris 1881, pet. in-4°, 44 p., br.

688 **Wickram, Georges.** — Stoeber, Aug. Jörg Wickram, Volksschriftsteller und Stifter der Colmarer Meistersängerschule im 16. Jahrh. und dessen vorzüglichste Schriften. 2. Aufl. Mülhausen 1866, in-8°, VIII—57 p., br.

689 **Wiegand, Wilhelm.** Bellum Waltherianum. Strassb. Habilitationsschrift. (Studien zur Elsässischen Geschichte u. Geschichtsschreibung im Mittelalter, H. I). Strassb. 1878, in-8°, 94 p., demi-rel. toile.

690 **Wihr-en-Plaine.** — Herrenschneider, E. A. Versuch einer Ortsgeschichte von Weier auf'm Land. Colmar 1890, in-8°, 86 p., br. Av. 1 lithogr.

691 **Wildeisen, Joh. Melchior.** Hoch-Fürstl. Brandenburg. Onolzbach. Genealogischer Lust-Wald: Oder: Hoch-Fürstl. Onolzbach. Geschlecht-Register / . . . Onolzbach 1680, in-fol., demi-rel. veau brun. Front. gravé. (Av. des taches d'eau.) — Plus 10 grandes planches, ne faisant pas partie de l'ouvrage, donnant les arbres généalogiques des maisons de Bourbon, de Lusignan, de Bavière Palatins du Rhin, de Bade, de Ribaupierre, etc. (Quelques-unes sont remontées.)

692 — Même ouvrage, cart. Sans le frontispice. (Av. de grandes taches d'eau.)

693 **Wilgotheim, Dürningen et Friedolsheim.** — Martin. Mémoire pour les communes de Wilgotheim, Dürningen et Friedolsheim, contre les Hospices civils de Strasbourg, etc. S. l. n. d., 62 p. (Rente connue sous le nom de Beth).

694 **Wimpheling, Jacques.** — Martin, Ernst. Jacob Wimpfelings Germania 1501. Strassburg 1884, in-8°, 16 p., br.

695 **Winter, G. Adam.** De statu nobilitatis immediatae S. R. J. vulgo der Freyen Ohn-Mittelbahren Reichs-Ritterschafft. (Thèse). Argentorati 1698, pet. in-4°, VI—26 p., cart. demi-perc.

696 **Woog, Fr. Ign.** Elsässische Schaubühne, oder historische Beschreibung der Landgrafschaft Elsass etc. Strassb. 1784, in-18, 452 p. — **Friese, J.** Historische Merkwürdigkeiten des ehemaligen Elsasses. Strassb. 1804, in-18, XII—230 p. — Les 2 ouvrages réunis en 1 vol., demi-rel. veau anc., dos orn.

697 **Zell, Matthieu.** — Lehr, Ernest. Matthieu Zell, le premier pasteur évangélique de Strasbourg (1477—1548), et sa femme Catherine Schutz. Etude biogr. et hist. Paris 1861, in-12, 94 p., demi-rel. perc.

698 **Zetter (la Famille).** — (Meininger, E.) Tableaux généalogiques de la famille Zetter de Mulhouse. 1525—1894. Avec une introduction historique et une planche chromolithographiée. Mulhouse 1894, in-fol., cart., dos perc.

DEUXIÈME PARTIE.

Estampes.

Deuxième Partie.

Estampes.

Notes et éclaircissements concernant la collection d'estampes.

La collection d'estampes comprend les dessins, gravures, lithographies, etc. ayant un caractère alsatique ou lorrain, tant par les sujets qu'ils représentent que par les artistes qui les ont produits, soit qu'ils aient été publiés isolément, soit qu'ils fassent partie de recueils ou autres productions bibliographiques.

Les estampes sont montées sur du papier fort ou carte gris bleuté ou blanc. Comme les dimensions des estampes varient indéfiniment, on a adopté des formats différents désignés par les capitales A, B, C, O, pour la carte sur laquelle elles sont fixées; savoir:

A format jésus in-plano de 710 mm de largeur sur 530 mm de hauteur, teinte gris bleuté.

B format raisin in-folio blanc rogné, de 475 mm de largeur sur 310 mm de hauteur. — Les portraits sont fixés sur papier gris bleuté de 450 mm sur 310 mm.

C format jésus in-4° gris bleuté, de 360 mm de hauteur sur 246 mm de largeur.

O format comprenant les estampes in-fol. maximo dépassant les dimensions du format A.

Pour le classement méthodique on a adopté le système employé pour le catalogue de Charles Gérard, en faisant précéder les estampes par les cartes et plans.

A. Cartes et Plans.

I. Cartes de la province d'Alsace.

699 **Alsatia inferior** (en noir). S. l. n. d. 1 feuille de 19,7/29,1 cm, grandes marges.

700 **Carte de la Basse-Alsace,** et pays voisins. — **Carte de la Haute-Alsace.** R. D. fec., H. Loon sculp. S. l. n. d. 2 feuilles de 11,0/15,6 et 11,6/16,1 cm.

701 **Charle et Dumortier.** Nouvel Atlas national, Nos 66/67: Bas-Rhin et Haut-Rhin. Av. texte par Arnoul. Paris 1835. 1 feuille de 58/43 cm, en noir. (2 exemplaires.)

702 **Fer, N. de.** Haute- et Basse-Alsace, Suntgou, Brisgou, et Ortenou. P. Starckman sculp. S. l. n. d. 1 feuille de 24/35 cm.

703 **(Graffenauer).** Carte minéralogique des départemens du Haut- et Bas-Rhin, formant la cidevant Alsace. Strasbourg 1806. 1 feuille de 31/57 cm, collée sur carton et pliée in-4°. (Extr. de „Graffenauer, Essai d'une minéralogie d'Alsace").

704 **Haas, W.** Die Departemente des Ober- und Nieder-Rheins, oder das ehemalige Elsass, nebst den angrenzenden Ländern. Gesetzt von Wilh. Haas in Basel, 1800. Strasbourg, bei J. H. Silbermann, 1808. 1 feuille de 18,6/32,3 cm.

705 **Homann.** Alsatia tam superior, quam inferior una cum Sundgovia, utraque in suos status provinciales divisa et ex subsidiis veteribus Specklinianis aeque ac recentioribus delineata. Studio Homanniorum Heredum. S. l. n. d., col. En 2 feuilles d'ensemble 110/43 cm.

706 **Homann, J. B.** Landgraviatus Alsatiae tam superioris quam inferioris, cum utroque Marchionatu Badensis, etc., editore Joh. Bapt. Homann. Noribergae S. d. 1 feuille col. de 59/48 cm.

707 **Jaillot, Hubert.** L'Alsace divisée en ses principales parties. Paris 1707. 2 ff. de 43/64 cm, montées sur toile.

708 **Janssonio, Joannes.** Alsatia inferior, et Alsatia superior cum Suntgoia et Brisgoia. Amsterdami, apud Joh. Janssonium. 2 feuilles de 36/43 et 36/47 cm, à grandes marges.

709 **Janssonio-Waesbergios, etc.** Utriusque Alsatiae superioris et inferioris nova tabula. Apud Janssonio-Waesbergios, Mosem Pitt et Stephanum Swart. S. l. n. d. 1 feuille de 39/54 cm, à gr. marges.

710 **Nolin, J. B.** Carte de l'Alsace, divisée en Haute et Basse, et le Sundgow etc. Paris s. d. 1 gr. feuille de 63/47 cm.

711 **Specklé, Dan.** Karte des Elsass. Strassb. 1576. 1 feuille de 38/117 cm, montée sur toile, pliée in-8°. Dans un portefeuille av. titre.

712 **Weis.** Carte des grandes routes et principales communications de la province d'Alsace. Gravée par Weis. S. l. n. d. 1 feuille de 29 77 cm, à gr. marges. (Déchirures dans les marges de gauche et du bas).

Alsace-Lorraine.

713 **Alsace-Lorraine.** Gravé par R. Hausermann. Paris, Lassailly frères. 1 feuille de 18,5/14,5 cm.

714 **Karte von Elsass-Lothringen.** 1:800 000. Strassburg, R. Schultz & Co., s. d. 1 feuille, en noir, de 30/23 cm. (2 exempl.)

715 **Karte der Reichs-Provinz Elsass-Lothringen.** 1:800 000. Strassburg, Verlag von Moritz Schauenburg. (Darmstadt, lithogr. geogr. Anstalt von Ed. Wagner). 1 feuille color., de 31,5/22 cm.

716 **Kiepert, Heinr.** Special-Karte der deutsch-französischen Grenzländer mit Angabe der Sprachgrenze. 1:666,666. 1 feuille de 52/36 cm, pliée in-12, sous couverture. Berlin, Dietrich Reimer, 1867.

717 — Specialkarte des Deutschen Reichslandes Elsass-Lothringen. Im Auftrage des Kaiserl. Ober-Präsidiums zu Strassburg nach amtlichen Quellen bearbeitet. Massstab 1:250,000. Berlin 1879. 4 feuilles col., d'ensemble 100/84 cm, montées sur toile, dans un portefeuille en perc., in-fol.

718 **Reymann, G. D.** Special-Karte von Elsass-Lothringen. 1:200,000. 18 ff. montées sur 2 toiles de 74/105 cm chacune, pliées in-fol., dans un étui.

719 **Specialkarte** der deutsch-französischen Reichsgrenze, bearbeitet in der geographisch-statistischen Abtheilung des Grossen Generalstabes, nach den von der Grenzregulierungs-Commission zu Metz mitgetheilten Materialien. 1:80,000. Nebst den deutsch-französischen Verträgen im Wortlaut. 2 feuilles de 54/69 cm., pliées in-8°, av. 7 p. de texte, sous couverture. Berlin, E. S. Mittler u. Sohn, 1873.

II. Cartes départementales.

a) Bas-Rhin.

720 **Carte** du département du Bas-Rhin. (Dictionnaire Baquol-Ristelhuber). Lith. E. Lemaitre et A. Münch. 1 feuille col., mauvais état.

721 **Département du Bas-Rhin.** Extrait de la carte topographique de la France, levée par les officiers de l'Etat major et gravée au dépôt général de la guerre, sous la direction du lieuten. général Pelet. 1:80,000. Paris 1838. 6 feuilles montées sur toile, dans un écrin in-8°.

722 **Perrot, A. M., et J. Aupick.** Département du Bas-Rhin. Paris, chez L. Duprat-Duverger, 1824. Gravé par les frères Malo. Av. description stat. et hist. (Nouvel atlas de la France, divisée en départements). 1 feuille de 43/62 cm.

723 — La même carte, sans la descr. stat. et hist. 1 feuille de 29/30 cm, à gr. marges.

b) Haut-Rhin.

724 **Carte** du département du Haut-Rhin. (Dictionnaire Baquol-Ristelhuber). Lith. E. Lemaitre et A. Münch. 1 feuille col., av. déchirures.

725 **Carte hydrographique** du département du Haut-Rhin, indiquant les bassins, les cours d'eau et les canaux, les usines, etc. Dressée sous la direction des ingénieurs du service hydraulique de 1853 à 1855. Lith. E. Simon à Strasbourg. 1 feuille col., de 125/83 cm, montée sur toile, pliée in-fol., dans un étui.

726 **Koechlin-Schlumberger, Jos., et Jos. Delbos.** Carte géologique du Département du Haut-Rhin. 1865. Extrait par report sur pierre de la carte topogr. dite Carte d'Etat-major. 4 feuilles col., de 85/62 cm chacune, montées sur toiles et pliées in-fol., dans un porte-feuille en demi-chagrin.

727 **d'Houdan.** Département du Haut-Rhin, décreté le 13 janv. 1790 par l'assemblée nationale, etc. (Atlas national de France). Gravé par d'Houdan. 1 feuille col. de 55/62 cm, montée sur toile in-8°.

728 **Perrot, A. M., et J. Aupick.** Dépt. du Haut-Rhin. Paris, chez L. Duprat-Duverger, 1824. Gravé par les frères Malo. Av. description stat. et hist. (Nouvel Atlas de la France, divisée en départements). 1 feuille de 43/62 cm.

729 — La même carte, sans la descr. stat. et hist. 1 feuille de 29,5/29,5 cm, gr. marges.

III. Cartes fractionnaires.

a) Alsace Romaine.

730 **Sainte-Odile.** — Plan topographique de l'enceinte antique dite Mur payen, située autour de la montagne de Ste-Odile. 1:10,000. Dressé sous la direction de J. G. Schweighäuser, levé et dessiné par Thomassin, lith. de G. Engelmann. 1 feuille de 40/54 cm.

b) Cartes pour les campagnes et opérations de guerre en Alsace du 17e au 18e siècle.

731 **XVIIe siècle.** — Person, N. Perfida Gallia Lerna, oder Alle orther, Vestung undt brandtmorterey der Frantzosen zwischen Rhein, Saar, Mosel undt undter Elsass. Maintz, s. d. (Titre manuscrit). 1 feuille de 82/64 cm, pliée.

732 **1702.** — Theatrum belli rhenani auspicatis militae primitiis . . . . regis Josephi I, Landavio glorisse expugnato, representatum a Joan-Bapt. Homan. Norimbergae 1702. 1 feuille col. de 56/48 cm, plus les marges.

733 **1743.** — Grundriss der gegend und Vestung alt u. neu Breisach mit der Ins.: Rheinmarck, alwo J. H. F. Durchl. Pr. Carl von Lothringen posto gefast u. dieselbe befestigt haben, nebst denen französ. verschantzungen. A. 1743. Nürnberg, A. J. Felsecker seel. Erben. 1 feuille de 40/38 cm.

734 **1790.** — Chaumier. Carte du théâtre de la guerre dans les départemens de l'Est, décrété par l'assemblée nat. en 1790. Paris, chez Basset, 1792. 1 feuille de 49/78 cm. (Marges déchirées).

c) Cartes diverses.

735 **Brisach.** — Fer, N. de. Les environs de Nouveau Brisach et de Vieux Brisach. A. Coquart sculp. 1 feuille de 24/34 cm.

736 **Brisach.** — Fer, N. de. Les environs des deux Brisachs. C. Inselin sculpsit. 1 feuille de 23,5/34 cm.

737 **Schlestadt.** — Karte v. Elsass-Lothr., bearbeitet in d. Geogr. Statist. Abtheil. d. gr. Generalstabes 1:80,000, Blatt 26: Schlettstadt. 1 feuille color.

738 — — Même planche, col., montée sur toile et pliée in-8°.

739 **Strasbourg.** — Person, Nic. Accuratissima Territorij Argentoratensis et annexorum tabella, ed, per Nic. Person. Moguntiae (environ 1720). 1 feuille de 44/58 cm, à gr. marges.

740 — Territorium Argentoratense, apud Janssonio-Waesbergios, Mosem Pitt et Stephanum Swart. S. l. n, d. (de 1720 environ). 1 feuille en noir de 38/49 cm, à gr. marges.

---

741 **Carte de la France 1:80,0000**, gravée au Dépôt de la guerre, sous la direction du Lieutenant-Général Pelet, et publ. en 1837. Feuilles Colmar (No 86), Epinal (No 85), et Altkirch (No 101). Pliées in-8°, en 6 parties, dans un carton.

742 — La même, dernière révision (1884—1885). Feuille Colmar (No 86). (3 exempl.)

743 **Karte der Eisenbahn** von Strassburg nach Basel. 1842. Lithogr. de Vve Levrault à Strasb. 1 feuille de 32/19 cm, en noir.

744 **Karte des Elsasses** von Strassburg bis Colmar. Lithogr. von J. Jundt in Strassburg. 1 feuille de 27/41 cm, en noir. Av. vue de la Cathédrale et du pont St.Thomas à Strasbourg.

IV. Cartes de la province de Lorraine.

a) Cartes générales.

745 **1771.** — Carte des Gouvernements de Lorraine et d'Alsace, par Mr Bonne. A Paris, chez Lattré, 1771. Arrivet inv. et sculp. 1 feuille col. de 29/41 cm, av. marges.

746 **s. d.** — Beaulieu-le-Donjon, de. Plans et profils des principales villes des duchez de Lorraine et de Bar. — Les glorieuses conquestes de Louis le Grand. — Les cartes, plans et profils des principales villes et lieux considérables du comté de Bourgogne, par R. D. Paris, s. d. 1 album de 137 planches numérotées, in-4° oblong, rel. bas anc., tr. rouges.

b) Cartes fractionnaires.

747 **Cartes de Cassini.** — No 142: Nancy—Dieuze—Lunéville, en noir. 1 feuille montée sur toile et pliée in-8°. Dans un étui.

748 **Carte topographique** de la France 1:50,000. Dressé, gravé et publ. par le Dépôt de la guerre en 1883 et 1884. Feuilles St-Dié et Gérardmer. 2 feuilles color., gr. in-fol.

749 **Lunéville.** — Carte de l'Etat-Major, 1:80,000, publ. par le Dépôt de la Guerre en 1835. Report sur pierre. 1 feuille gr. in-fol., pliée in-4°.

750 **Metz.** — Plan de Metz et environs. 1:20,000. Imp. chez Kaeppelin & Co. 1 feuille de 23/28 cm, pap. fort.

751 **Meurthe.** — Département de la Meurthe, par A. M. Perrot et Aupick. Edit. L. Duprat-Duverger. Paris 1824. 1 feuille col., de 29,5/29,6 cm, à gr. marges.

752 **Moselle.** — Département de la Moselle. (No 56). S. l. n. d. 1 feuille in-8°, de 17/11 cm.
753 — Département de la Moselle, par A. M. Perrot et J. Aupick. Edit. L. Duprat-Duverger. Paris 1824. 1 feuille col., de 29,5/37 cm.
754 **Saint-Dié.** — Antoine, P. Carte routière de l'arrondissement de St-Dié, avec les régions voisines, 1:40,000. 1872. En 4 grandes feuilles col., montées sur toiles et pliées in-8°. Dans un étui.
755 — — La même carte, non montée, in-plano. (O).
756 — Carte de la France dressée par ordre du Ministre de l'Intérieur. Tirage de 1886. Feuille XXVI—15: St-Dié. 1:100,000. Paris 1886. 1 feuille col.
757 **Toul.** — Jaillot, A. H. Le Toulois où sont les chatellenies et les prévôtés du temporel de l'Evêché de Toul et de son chapitre, etc. Paris 1704. 1 feuille col., de 45/70 cm, collée sur toile et pliée en pet. in-4°.
758 **Verdun.** — Gouvernement de Verdun. S. l. n. d. 1 feuille de 10,5/15 cm, à gr. marges.
759 **Vosges.** — Carte orographique du Département des Vosges. Paris s. d., impr. Collet. 6 feuilles de 60/85 cm, collées sur cartons.
760 — Jaillot, A. H. Les prévotez, offices, senéchaussée et comté qui font partie des balliages de Vosge ou Mirecour, et de Nancy, dans le duché de Lorraine, etc. Paris 1704. 1 feuille de 45/70 cm, collée sur toile et pliée en pet. in-4°.
761 — Perrot, A. M., et J. Aupick. Département des Vosges. Paris, Edit. L. Duprat-Duverger, 1825. 1 feuille de 29,5/32,5 cm, à gr. marges.

V. Cours du Rhin.

762 **Carte du Cours du Rhin** et de la limite des propriétés entre les communes des deux rives, depuis Huningue jusqu'à Lauterbourg, conformément à la convention du 5 avril 1840, exécutée sous la direction du Cte Guilleminot. 17 cartes. Strasb., Impr. Lith. d'E. Simon fils, F. T. Busch sculp. Gr. in-fol., demi-rel. chagr., plats toile.
763 **Le Cours du Rhin** au dessus de Strasbourg, et les pays adjacens, par **Guill. de l'Isle.** A Paris chez Dezauche. Av. privilége du 30 Avril 1745.
764 **Cursus Rheni a Basilea usque ad Bonnam,** III. sect. exhibitus a Domino **G. de l'Isle** editus primum, nunc emendatior et auctior reddit per Homannianos heredes, Noribergae. 3 feuilles gr. in-fol. oblong.
765 **Spezial-Karte des Rheinlaufes** (v. Strassburg bis Mainz), herausg. anno 1795—1797. **Gezeichnet von Dewarat** in Mannheim, **gestochen von J. G. Klinger** in Nürnberg, in Verlag bey Schwan & Götz in Mannheim. 4 feuilles montées sur 1 toile de 107/41 cm.
766 **Die ander Tafel des Rheinstrams** (sic) / begreiffend die Pfaltz / Westereich / Eyfel / etc. (v. Strassburg bis Andernach). S. l. n. d. In-4° oblong. (Planche détachée d'un ouvrage).

VI. Plans de villes.

1. Strasbourg.

a) Plans ordinaires de la ville.

767 **(1874).** — Plan de la Ville de Strasbourg. Edité par l'Agence de publicité „l'Alsace" — (Annexe de l'Annuaire des Adresses). Lith et typ. E. Hubert & E. Haberer. In-fol. obl., col.

768 **(vers 1876).** — Plan der Stadt Strassburg. Verlag v. J. Bensheimer in Strassb. u. Mannheim. Lith. A. Dusch. In-fol. obl. **(Av. la** liste des édifices et établissements publics).

769 **(vers 1880).** — Plan der Stadt Strassburg und ihrer Erweiterung. 1:5,000. Lith. d'après une phot. de Ch. Winter. **(Supplt. du** Journal d'Alsace et Courrier du Bas-Rhin). In-fol. obl., **monté sur** toile et plié in-4°.

L) **Plans de la ville avec les environs.**

770 (17e **siècle).** — Strasburg. Petit plan colorié de 9/13 cm, gravé sur cuivre. Orienté du sud. (B).

771 **1682.** — Grund-Riss der Statt und Vestung Strassburg, nebst den vorgelegten Citadellen, wie auch die Schantzen am- in- und überm Rhein bey Keyl (sic), welche Anno 1682 ultimo Augustij mehrentheils verfertiget gewesen. Av. vue de la ville prise de la citadelle et profil de cette dernière. In-fol. obl. Orienté du nord. (B).

772 **1693.** — Plan de Strasbourg. A Amsterdam **chez Pierre Mortier** 1693. Pet- in-fol. obl. Orienté du nord.

773 **(vers 1700).** — Straatsburg, een vermaarde vestinge aan den Ill, by den Rhyn, in den Elsas, aan de Fransse gekomen, den 30. Sept. 1681. — Argentoratum, antiqua et nobilis urbs Alsatiae, etc. **Pet: Schenk exc: Amst: C. P.** Pet. in-4° obl. Orienté du nord. (B).

774 — Straatsburg, een Keizerlijke Stad in Duitsland met een Bisdom, etc. Strasbourg, ville impériale d'Allemagne avec Evêché, etc. Amsterdam, by C. Allard. In-fol. obl. Orienté du nord. (Déchirures dans la marge de gauche).

775 — Platte grond van Straatsburg en't fort Keel. (Extr. d'un ouvrage hollandais: IX. deel, pag. 67). Gr. in-8° obl. Orienté du sud.

2. Autres villes d'Alsace et de la Lorraine.

776 **Colmar.** — Plan de la ville de Colmar et de ses environs, dressé p. **Ch. Foltz.** 1:3,000. Colmar 1869. In-fol. impér., av. quelques additions à l'encre rouge. Monté sur toile et plié en pet. in-fol., dans un étui.

777 **Huningue,** est une forteresse à 5 bastions depuis peu bastie par le Roi etc. S. l. n. d., pet. in-fol. obl.

778 **Schlestadt.** — Plan de la ville de Schlestadt. S. d., in-fol.

B. Portraits de Personnages

nés ou ayant séjourné en Alsace ou en Lorraine.

779 **Andrieux, Franç. Guill. Jean Stanislas,** Membre de la légion d'honneur, Prof au Collége de France, né à Strasb. le 6 mai 1759. Pet. in-fol., buste à gauche. Jul. Boilly 1820. Lith. à toutes marges. (B).

780 **Arnold, J. G.** (Auteur du Pfingstmontag) né à Strasb. le 18. Févr. 1780, mort le 18. Févr. 1829. In-4°, buste, fond teinté, C. Guérin fec., lith. de Simon P. et F., rogné. (B).

781 **Autriche, Léopold Guillaume Archiduc d'.** Comte de Tyrol . . . nasquit à Neustad l'an 1614. Il est grand Maistre de l'ordre Teutonique,

Evesque de Strasbourg . . . . Pet. in-fol., buste tourné à droite, en méd. rond, av. armoiries, planche gravée. A Paris chez Daret 1652. Magnifique épreuve sur grand papier, non montée.

782 **Autriche, Léopold Guillaume Archiduc d'.** Pet. in-4°, figure entière, à cheval, au fond une bataille, av. armoiries, planche gravée. A Paris chez Balt. Moncornet. (B).

783 — In-8°, buste à droite, dans un ovale, au fond une bataille, Moncornet ex., av. les armoiries. (B).

784 — In-8°, légende allemande, buste à gauche, dans un ovale, Peter Aubry excudit. (B).

785 **Autriche, Léopold Archiduc d'**, dux Burgundiae . . ., Landgravius Alsatiae etc. (Evêque de Strasbourg). Pet. in-8°, buste tourné à gauche, dans un ovale, lég. et 4 vers lat.: Caesareus sanguis, mens Regia etc. (Découpé d'un ouvrage allemand). (B).

786 — In-8°, buste tourné à gauche, dans un ovale, av. pet. fig. allégor., lég. et 4 vers latins: En tibi conspicuum Leopoldi cernere vultum etc. (B).

787 **Bartholdi, Frédéric-Auguste,** statuaire. In-24. G. Vuillez sc., grav. sur bois, tirée d'un journal ill. (B).

788 **Bartholmé.** Négociant en vins à Strasbourg. In-4°, à mi-corps, assis dans un fauteuil, profil à droite, lith. de Simon fils, pièce non montée.

789 **Baur, Jean-Guillaume,** (Bauur), natif de Strasbourg, il faisoit merveille en la miniature . . . mourut l'an 1640. In-8°, à mi-corps, Jo. Guill. Bauur pinx., J. Meyssens fecit et exc. Reprod. moderne en photolith. sur papier in-fol. Au verso notice biogr. par F. Reiber. (Tirage à part du „Mirliton"). A. gr. marges. (B).

790 — Guillaume Bawr. In-18, buste en méd. ovale orné. Grav. ancienne.

791 **Bazaine** (le Maréchal). In-8°, buste dans un ovale. (Découpé d'un journal ill.) (B).

792 **Benoit, Louis.** (Bibliothécaire à Nancy). In-8°, buste à droite, lith. R. Schultz & Co, Rhein del. (B).

793 **Berckheim, F. S. Baron de.** (Lieutenant général des armées du roi. Né à Ribeauvillé (Alsace) le 9 mai 1775, déc. à Paris le 28 décbr. 1819. In-12, buste à gauche, dans un ovale, J. D. Beyer fec., lith. de Engelmann. (B).

794 **Berneggerus, Matthias,** Prof. histor. Argentor., nat. d. 8 Febr. 1582, den. 1640. In-8°, à mi-corps tourné à gauche, gravé en man. noire, Joh. Jac. Haid exc. Aug. Vind., rogné. (B).

795 — In-8°, buste tourné à droite, dans un ovale encadré, lég. et 4 vers lat., Petry Aubry sculp: et exc: Arg. Planche lavée, non montée.

796 — In-24, à mi-corps, entouré de livres etc., lég. et 4 vers lat. de Jo. Freinshemius. Edebatur Argentorati, anno Christiano MDCXL. (B).

797 **Biccius, Gregorius.** Prof. pandectar ordin. Universitatis Argentoratensis etc., natus 1603. In-8°, buste tourné à droite, dans un ovale, lég. et 6 vers lat., P. Aubry sculpsit. (B).

798 — In-8°, à mi-corps, av. armoiries, dans un ovale, lég. et 6 vers lat., Isaac Brunn excudit. (B).

799 **Bitschius, Casparus.** Argentoratensis academiae antecessor etc. 1634. In-8°, à mi-corps, lég. et 8 vers lat., Jac. ab Heyden sculps. (B).

800 **Blessig, Jean-Laurent.** Docteur et Prof. en Théologie etc., né le 15 avril 1747, mort le 17 févr. 1816. Gr. in-fol., lith. par Ch. Aug. Schuler. Lith. de Simon fils. Belle épreuve sur Chine, avant la lettre, à toutes marges. (A).

801 **Blessig, Jean-Laurent.** In-4°, buste tourné à droite, dans un ovale, dess. d'après nature et gravé par Ch. Schuler, en 1812. Superbe épreuve à toutes marges. (B).

802 — Pet. in-4°, buste, profil à gauche, en méd. ovale, lég. allem., Sophie Debeyer pinx., C. Guérin sculps., à grandes marges. (B).

803 — Même planche, rognée in-8°, av. lég. de 12 vers allem.: „Auf dem Bilde verweilend, weckt der Blick Dankgefühle, etc." (B).

804 **Boch, Ch.** (Assemblée nat., Galerie des représ. du peuple 1849, Bas-Rhin). Né à Strasb. le 29 mars 1824. In-8°, à mi-corps, lith. d'ap. nat. par Patout, impr. Lemercier, E. Desmaisons direxit, belle épreuve s. Chine, avant la lettre, à toutes marges. (B).

805 **Boussingault,** chimiste (Assemblée nat., Galerie des Représ. du peuple 1848, Bas-Rhin). Né à Paris le 2 févr. 1802. In-8°, à mi-corps, tourné à gauche, dess. d'apr. nat. par St.-Aulaire, impr. Lemercier, belle épreuve sur Chine, avant la lettre, à grandes marges. (B).

806 **Brand, Sebastian,** jurisconsultus. In-18, à mi-corps, profil à droite, reprod. mod. d'un bois anc. (B.).

807 — In-4°, buste à droite, (par Flaxland), lith. de Simon fils, se vend chez Bernard . . . . à Strasb. Superbe épreuve sur Chine, à toutes marges. (B.).

808 **Brentel, Frid.** (Miniaturiste et graveur à Strasb. 1580—1651). Incoeptum et absolutum Anno 1647 per Fridericum Brentel, aetatis 67. In-18, buste en méd. rond, reprod. photogr. (d'après le ms. de la Bibl. nat. à Paris, Fred. Brentel père ipse pinxit). (B.)

809 — In-24, buste, dessin à la plume par P. Reiber, d'après une miniature de Brentel. Pièce non montée.

810 — Photolithogr. d'après le dessin précédent. Tirage à part du „Mirliton". Au verso, notice par Ferd. Reiber. (B.).

811 **Bruch, Jean-Frédéric,** Doyen de la Faculté de Théologie protestante etc. Gr. in-fol., à mi-genoux, assis, accoudé sur une table, lith. d'après nat. par J. Serre. Lith. d'E. Simon, fond teinté. (A.).

812 **Brulovius, Caspari.** Imago viri clarissimi Caspari Brulovii Pomerani, P. L. Caes. historiarum in Argentoratensium universitate professoris. Natus 18 Sept. 1585, denatus 14 Jul. 1617. In-8°, à mi-corps, tourné à droite, av. armoiries. Lég. et 12 vers lat. J. Heyden sculps. Pièce non montée.

813 **Bucer, Martin,** né à Schelestat en Alsace l'an 1491: Il fut de l'ordre St.-Dominique et ensuite ministre à Strasb., il mourut à Londre en 1551. In-8°, buste à droite, en méd. ovale, gravé par E. Desrochers à Paris.

814 **Conrad, le Général,** Colonel français (né à Strasb. en 1788). In-8°, buste à droite, lith. de Simon fils. On s'abonne chez Bernard, Marché aux Herbes (Strasb.). Pièce non montée.

815 **Cotler, Andreas.** In effigiem reverendi et clarissimi viri dni. M. Andreae Cotleri quae Argentinae ad D. Juniorem Petrum colligitur, pastoris fidelissimi. Agé de 42 ans Anno 1623. In-8°, à mi-corps, tourné à droite, lég. et vers lat., Isaac Brunn sculps., rogné. (B.).

816 **Courbe.** (Collectionneur à Nancy). In-12, figure entière assise sur une chaise, dessin de Mr Bresse. Lithographie. (B.).

817 **Crusius, Paul.** Imago . . . D. M. Pauli Crusii . . . Guilhelmitani Argentinensium templi ecclesiastae, etc. In-8°, à mi-corps, tourné à droite, av. armoiries, Jac. ab Heyden fecit 1609, lég. et 8 vers lat. (B).

818 **Dannhauer, Johannes Conradus.** SS. Theologiae Doctor et Professor publicus. Conventus ecclesiastici praeses, Capit. Thomani Decanus. Argentorat. In-18, à mi-corps. (B).

819 — In-24, buste, face, en méd. ovale, lég. lat. Reproduct. photogr. en noir, montée sur carton gr. in-8°.

820 — In-64, buste, 3/4 tourné à droite. Reproduct. photogr. en noir, montée sur carton gr. in-8°.

821 **Dieterlin, Barthélemy.** Buste, à droite. Dessin à la plume par P. Reiber, d'après une peinture à l'huile en possession de Mr Henri Ott, avocat à Strasb. Lithogr. Au-dessous et au verso une notice biogr. par F. Reiber. (Tirage à part du „Mirliton"). (B).

822 **Dieterlin, Wendelin.** Buste, à gauche, reproduction lithogr. d'une ancienne gravure. Au-desous la généalogie et une notice biogr. par Ferd. Reiber. (Tirage à part du „Mirliton"). (B).

823 — In-fol., buste, tourné à gauche, lith. d'E. Simon fils, se vend chez Bernard etc. Belle épreuve á grandes marges. (A).

824 **Dorsch, Joh. Georg.** SS. Theolog. Doct. Prof. ord. acad. patr. Arg. etc. In-8°, buste à gauche, en méd. ovale, P. Aubry excud., lég. et 8 vers lat. Pièce non montée.

825 — Pet. in-4°, à mi-corps, tourné à droite, dans un ovale encadré, B. Kilian fec., lég. et 10 vers lat. (B.).

826 **Emmerich, C. F. T.** Doct. u. Prof. der Theologie, Prediger an d. St. Thomas-Kirche zu Strassb. In-4°, buste à droite, dess. et gravé par C. A. Schuler, épreuve sur Chine. (B.).

827 **Engel-Dollfus, Fréd.** (1818—1883). In-8°, buste à droite, en méd. ovale, reprod. photolithogr. (B).

828 **Erard, Sébastien.** (1752—1831. Facteur d'instruments). In-8°, buste à droite, Hardivillier 1830. Pièce non montée.

829 **Faust, Isaac.** SS. Th. D. in Argentorat. Universit. Prof. sen. convent. eccles. praeses etc. Natus Argentorati anno 1631, denatus 1702. Pet. in-fol., à mi-corps, en méd. ovale, av. encadrements. J. A. Seupel del. et sc., sans marges. (B).

830 **Frid, Joh. Frider.** (Conseiller de la ville de Strasbourg). Pet. in-fol., à mi-corps, tourné à droite, Theod. Roos pinxit 1677, F. W. Schmuck excudit, Barth. Kilian sculp., sans marges. (B).

831 **Friese, Johannes.** Jugend-Lehrer in Strassburg, geb. in Kaufbeuren, A. 1741. d. 4. Sep. In-18, buste, profil à droite, en méd. ovale, J. R. H. f. 1793, lég. allem. (B).

832 **Froereisen, Johannes Leonhardus.** Reipublicae Argentorat. Consularis. Tredicim-vir. Universit. scholarcha, nat. Argent. A. 1629, d. 2 Aug., denat. 1690, d. 24. Nov. In-fol., buste, dans un ovale encadré, av. armoiries tenues par 2 anges, Bartholomaeus Hopffer pinxit, J. A. Seupel Argentorati sculp. Superbe épreuve. (B).

833 **Furstenberg, Franciscus Egon,** Comes in Heiligenberg . . . et Cathedral: Ecclesiarum Colonien: Argentoraten: . . . . (Jeune). In-8°, buste, 3/4 à gauche, en méd. ovale, lég. lat. P. Aubry excud., rogné. (B).

834 **Geiler de Kaysersberg, Jean.** In-8°, à mi-corps, dans des ornements, lég. lat., monogr. BR. (B).

835 — In-8°, buste à droite, copié sur la planche précédente. A. Straub del., lithogr. sur fond teinté. (B).

836 — In-8°, en barbe, buste, gravé à l'eau-forte par Mme Gérold. Pièce non montée.

837 **Grison, Adolphe.** Peintre. In-fol., buste, face, par Thiébault d'après P. Reiber, autographié, Av. notice biograph. par Ferd. Reiber. (Tirage à part du „Mirliton"). (B).

838 **Guérin, Gabriel.** (Peintre). Né le 9 novbr. 1790, mort le 20 sept. 1846. Dédié à ses amis et connaissances par son frère Jean. In-fol., buste à gauche. Lith. C. Fasoli et Ohlmann, épreuve sur Chine. (A).

839 **Habrecht, Isaac.** Argyropum automati inventor, fabricator, et autor etc. Gr. in-8, à mi-corps, dans des ornements archit., lég. latine, anno christi 1608, aetates sua 64. Grav. sur bois. (B).

840 — In-8°. Variante de la planche précédente, une partie de l'encadrement est supprimée, pièce remontée. (B).

841 **Hawenreuter, Han. Ludovicus.** Argent. medicinae et philosophiae doctor, etc. In-8°, à mi-corps, tourné à gauche, anno aetatis suae 65, anno nat. Christ. 1613. Js. ab Heyd pinx., sculpsit Jacob ab Heyden, lég. et 4 vers lat., fortement rogné et remonté. (B).

842 **Heinricus, Joh. Theob.** Pastor et Canonicus Thomanus Argent. Anno aetat. 60, offic. eccles. 30. In-fol., à mi-corps, en méd. ovale, avec encadr., J. A. Seupel delin. sculp. et excud. Argent. 1690. Superbe épreuve. (B).

843 **Heller, Johann.** Reip. Argentoratensis consulis et universitatis scholarchae meritissimi. Obijt 24 nov. 1632, aetatis 72. In-8°, à mi-corps, tourné à droite, av. armoiries, lég. et 6 vers lat., Jac. ab Heyden sculpsit. (B).

844 **Herrenschneider, Louis.** Prof. à la Faculté des Sciences et au Séminaire prot. de Strasb., né le 23 mars 1760. In-fol., buste à droite, peint par Th. Strintz, 1834, lith. en 1838 par Ch. Aug. Schuler, lith. d'E. Simon fils. Superbe épreuve, à très grandes marges. (A).

845 **Herrmann, Jean.** (Botaniste et Médecin). Né à Barr le 31 décbr. 1738, mort à Strasb. le 4 oct. 1800. In-8°, buste à gauche, dans un ovale, dess. par Guérin, et gravé par Ambroise Tardieu. Reprod. photolith. pour les „Mittheilungen d. Philomat. Gesellschaft in Els.-Lothr." Pièce non montée.

846 — In-4°, buste à droite, par Flaxland, lith. de Simon fils à Strasb., épreuve sur Chine, à toutes marges. (B).

847 — In-4°, même planche, sur Chine, fixée sur papier de Hollande, sans indication du lithographe. (B).

848 **Hickel, Ph.** Pfarrer zu Schiltigheim, geb. d. 18. Dec. 1799, gest. den 7. Nov. 1854. In-8°, buste à droite, fond teinté, dess. et lith. par G. Ad. Schwalb 1855, d'après un daguerréotype de Mr Winter. Lith. Fassoli et Ohlmann, à gr. marges. (B).

849 **Hochfelder, Paul.** Argentin. Reipubl. syndicus, natus 1540, mortuus 1600. Pet. in-4°, à mi-corps, entouré de fig. symboliques, lég. et 16 vers lat., Christoffel van Sichem fec., reproduction mod. en photolith. (B).

850 **Hofmann, Melchior,** van Strasburg (Patriarche des anabaptistes). Pet. in-4°, à mi-corps, assis dans sa prison. Sichem fec. et sculp. inven. Belle épreuve. (B).

851 **Jeanjean, Antonius.** Ss. Theolog. Doctor, Seminarii episcop. superior, Almae Universit. catholicae Argentin. rector etc., natus Selestadii 2 Febr. 1727. In-8°, buste, face, en méd. ovale encadré, av. armoiries, Monica Tanisch pinxit, gestochen von Verhelst in Mannheim. (B).

852 **Johmann, Eugène.** Sculpteur, 1852—1884. In-4°, buste, profil à gauche, en méd. rond, d'après le bas-relief de Mr Schiff, 1882. (Extr. de „Nancy-Artiste", No. du 17 janv. 1886). (B).

853 **Kablé, Jacques.** (Député au Reichstag). Gr. in-8°, buste $^3/_4$ à gauche, en méd. ovale, fond teinté. J. Bornert, lith. Ed. Hubert à Strasb., à toutes marges. (B).

854 **Kaemmerer.** (Libraire à Strasbourg). In-4°, buste à droite, gestochen v. C. Schuler 1846. Av. dédicace allem.: Dein Leben war Liebe etc. Belle épreuve à toutes marges. (B).

855 **Karth, Jean Nicolas.** (Peintre à Strasb.) In-12, d'après un dessin à la plume de Paul Reiber. Buste à droite. Pièce non montée.

856 **Kauffmann, M.** Député du Baill. de Colmar et Schelestat à l'Assemblée Nat. de 1789, né à Matzenheim en 1740. In-8°, buste, profil à droite, en méd. rond, Labadye del., Courbe sc. à Paris chez le Sr Dejabin. Pièce non montée.

857 **Kellermann, Franç. Christ.** Commandant en chef de l'armée des Alpes, né à Strasb. en 1737." In-8°, buste, profil à gauche, en méd. ovale, F. Bonneville del. sculps. A Paris rue St.-Jacques No. 195. (B).

858 — In-32, buste à gauche, G. Duc del., découpé d'un ouvrage.

859 — In-fol., buste à gauche, H. Grevedon 1824, lith. de Delpech. Belle épreuve à gr. marges. (A).

860 — „Le Gal Kellermann." In-8°, buste à droite, dessin à la plume, lithogr. (B).

861 **Khun, Johannes Caspar.** In Argentorat. Universitate historiarum et eloquentiae professor publ., Capituli Thomani Canonicus et Gymnasiarcha. Nat. Ao 1655, def. Ao 1720. Pet. in-fol., buste en méd. ovale, avec armoiries et encadrements, Kirchberg pinxit, P. J. Lutherburg sculp. Belle épreuve avec marges. (B).

862 **Koch, Chris. Guill.** Prof. d'histoire, ex membre du Tribunat etc. à Strasbourg. Gr. in-8°, buste à droite, en méd. ovale, peint par Robert Lefèvre, gravé chez C. Guérin, av. marges (B.).

863 **Küss, Emile.** (Dernier maire de Strasbourg). In-8°, à mi-corps, tourné à gauche, dess. par Louis Schützenberger le 20 Sept. 1846, chez Hertzog. Photographie en noir du dessin au crayon, tirée à 5 exempl. seulement. Pièce montée sur carton blanc.

864 **Lamey, Aug.** (Poète). In-8°, buste $^3/_4$ à droite, C. Schuler ad nat. del. et sculp. Grav. sur acier. Impr. Chardon aîné, av. marges. Pièce non montée.

865 **Lefebvre,** (Franç.-Jos., duc de Dantzick, maréchal de France, né à Rouffach, 1755—1820. Pet. in-8°, buste à gauche. J. J. Serny (?) del. et sculp. Grav. au trait. (B).

866 — In-32, buste, face, (découpé). (B).

867 **Liebé, Louis.** (Compositeur de musique, directeur de la Chorale à Strasb.) In-fol., à mi-corps, face, par A. Rosé. Lith. E. Simon, Strasb. Epreuve sur Chine, gr. marges. (B).

868 **Liechtenberger, L.** (Commissaire de la République, et Représentant du Bas-Rhin à l'Ass. Nat.) Pet. in-fol., à mi-corps, à droite. J. Jucatt (?). Lith. de Becquet frères, à gr. marges. (B).

869 **Lipp, Joannis.** Pastoris ad D. Petrum Juniorem etc. Aetatis suae 64: 1618. In-12, à mi-corps, lég. et 4 vers lat. (Jacob v. d. Heyden), rogné. Pièce non montée.

870 **Lorraine, le Duc de.** (Charles III, 1543—1608). In-12, buste à droite encadré, Jacq. Granthomme fe., P. Gordelle exc. Av. 4 vers franç., rogné. Pièce non montée.

871 **Lorraine. Henry (II) Prince de Lorraine, Marquis du Pont.** (1563—1624). In-8°, buste ¾ à gauche, dans un ovale, Tho. de Leu exc., av. 4 vers franç. Belle épreuve, pet. marges. Pièce non montée.

872 — In-8°, lég. lat. Anonyme. (Ulrich Kraus?) Pièce non montée.

873 **Lorraine. Carolus Lotharingiae Cardinalis, Caroli III ducis Loth. filius.** (Par Rabel). (Second fils de Charles III, né à Nancy le 1 juillet 1567. Evêque de Metz en 1578 à l'âge de 11 ans, Cardinal en 1589. Evêque de Strasbourg en 1592. Mort en 1607). In-32, buste ¾ à droite, dans un ovale. (B).

Décrit parmi les anonymes Didot (Supplément) 2465 N'a pas figuré à la vente — Portrait non décrit par R. D. — Indiqué par M. Soliman d'après l'ex. de la Bibl. Nat réputé unique. (Lieutaud, p. 195)

874 — Même portrait, in-32, reprod. photolith. à gr. marges. Pièce non montée. (2 ex.)

875 **Maimbourg.** (Curé de Colmar). In-fol., à mi-corps, en méd. ovale, au fond l'église St.-Martin. Dessiné sur pierre par Rothmüller, d'après Mich. Hertrich. Lith. de E. Simon. (B).

876 **Marbach, Philippus,** S. S. Theol. Doct. Prof. Argent. etc. Natus Argent. 1550, obijt 1611. In-16, à mi-corps, tourné à gauche, av. encadr. Grav. sur bois anc. (B).

877 **Martyr Vermilius, Petrus.** Theologus. Natus Florentinus Anno 1500. Anno 1542 Prof. Theol. Argentinae etc. In-16, à mi-corps, tourné à gauche, grav. sur bois très ancienne. Lég. lat. manuscr. Pièce non montée sur carton.

878 **Meier, Justus.** Noviomagensis. Jurisconsulte à Strasbourg. In-8°, à mi-corps, ¾ à droite, Jac. ab Heyden f., lég. lat. (B).

879 **Munster,** Seb. Cosmographus, nascitur Ingelheimij anno 1489, obijt Basileae anno 1552. In-12, à mi-corps, tourné à gauche, dans des ornements, signé BR., lég. lat. (B).

880 **Nasser, Bartholomaeus.** Argentorati Ecclesiae Thomanae Pastoris etc., obijt 1614, an. aetatis 54. In-8°, à mi-corps, tourné à droite, J. ab Heyden sculpsit, lég. et 5 vers lat. (B).

881 **Neufchâteau, le Comte François de.** (Membre de plusieurs académies depuis 1765, . . . député des Vosges en 1791, etc., né en Lorraine le 17 avril 1750, élu en 1797 à l'Institut royal de France, Académie franç.) In-24, buste à droite, Mariage sculp. (découpé). (B).

882 **Oberlin, Jérémie Jacques.** Associé de l'Institut National, Prof. et Bibliothécaire de Strasbourg, âgé de 66 ans. In-4°, buste, profil à gauche dans un méd. ovale, dessiné d'après nature et gravé par Ch. L. Schuler, en 1801. Se vend à Strasbourg chez l'auteur. Grav. au pointillé, av. marges. (B).

883 — In-4°, buste, profil à droite, par Flaxland, Lith. de E. Simon fils, se vend chez Bernard à Strasbourg. Epreuve sur Chine, à toutes marges. (B).

884 **Obrecht, Georgius.** Com. pal. caes. acad. Argent. antecessor colleg. D. Thom. Prepos. consil. et atvoc. (1547—1612). In-8°, buste à gauche, dans un méd. ovale encadré, grav. sur bois anc., lég. et 2 vers lat. (B).

885 **Ohmacht.** Statuaire (1760—1834). Gr. in-4°, buste à droite, fond teinté, peint et dessiné sur pierre par Gabr. Guérin 1825, impr. lith. de Simon à Strasb. A gr. marges (A).

886 **Otto, Marcus.** U. J. D. et Reipub. Argentinensis, aliorumque Statuum Imp. Consil. et ad Tract. Pac. general. Legatus. In-8°, buste à droite, en méd. ovale, av. armoiries, P. Aubry excud. (B).

887 **Pfeffel, Konrad Gottlieb.** (Hochf. Hessendarmstädtischer Hofrath, und Direktor der Militärschule zu Colmar, geb. 1736). In-8°, buste, profil

à droite, Flaxland, d'après C. Karpff, impr. E. Simon, av. marges (B).

888 **Pfeffinger, Jean-Daniel.** 1661—1724, Prof. de théologie. In-4°, à mi-corps, dans un ovale encadré, reproduction photolith. d'une grav. de J. A. Seupel. Pièce non montée.

889 — Son épouse. In-4°, à mi-corps, dans un ovale encadré, reproduction photolith. d'une grav. de J. A. Seupel. Pièce non montée.

890 **Pfeffinger, Johannes Fridericus.** Argent., Consiliarius Britannicus. In-12, à mi-corps, face, av. encadr., C. Fritzsch sculps. 1731. av. 4 vers allem. Pièce non montée.

891 **Prud'homme, Gin Ate J. Bte.** Député du Haut-Rhin à l'Assemblée nat. de 1848. Gr. in-8°, en pied, F. Bonhommé del., Peronard sc., impr. par Chardon aîné et Aze. Belle épreuve à toutes marges. Pièce non montée.

892 **Reber, J. G.** (Manufacturier à Ste.-Marie-a.-m., 1731—1816). In-4°, buste à gauche, par Flaxland, lith. de Simon fils, épreuve sur Chine, à gr. marges. (Pl. de „Sandmann, Vues des villes et bourgs, etc.") (B).

893 **Redslob, François Henri.** Doyen de la Faculté de Théologie protestante, Prédicateur à l'Eglise du Temple-neuf, né le 25 mars 1770, mort le 23 novembre 1834. Gr. in-4°, à mi-corps, tourné à gauche, dessiné d'après nature en 1834 et lith. en 1835 par Ch. Aug. Schuler, lith. de Simon fils. Belle épreuve sur Chine, à toutes marges. (A.)

894 **Reiber, Ferd.** Pet. in-fol., à mi-corps, tourné à droite, reprod. photolith. d'un fusain de Seebach 1891, signée par Ferd. Reiber. Gr. marges. Pièce non montée.

895 **Reuchlin, Fridericus Jacobus.** S. Theol. D. Prof. ordin. Argent. etc. Anno 1785 aet. 91. Pet. in-4°, à mi-corps, tourné à gauche, av. encadr., C. Guérin fecit aqua forti 1785, Ph. J. Kugler delineavit. (B).

896 **Ribaupierre. — Catharina Agatha,** Pfaltzgrävin bey Rhein, Hertzogin in Bayern, Grävin zu Veldentz undt Sponheim, geb. Grävin zu Rappoltstein, Frau zu Hohenack undt Geroltzeck an Waszigen. Aet. 35. 1683. In-fol., à mi-corps, 3/4 à gauche, en méd. ovale, dans des ornements, av. armoiries, Theodorus Roos pinxit, J. J. Thourneyser Helv. Bas. sc. Basileae 1684. Belle épreuve à toutes marges. Pièce non montée.

897 — **Eberhardus** Dominus in Rupis Spoletanae, in Hohenack et Geroltzeck ad Wassichin. In 8°, buste à gauche, dans un ovale, encadr. architect., av. armoiries, Jac. ab Heyden sculps., lég. et 4 vers lat., Th. Wegel Aut. (B).

898 **Richter, François Xavier.** Maître de chapelle de la Cathédrale de Strasbourg. In-4°, à mi-corps, en méd. rond, dirigeant le chant sur une tribune, C. Guérin f. 1785. (B).

899 **Rohan, Armand Gaston de.** S. R. E. Cardinalis, Episcopus Argent. (1674—1749). Pet. in-fol., buste à droite, dans un ovale, av. encadr. Hyac. Rigaud. pinx., Maria Horthemels sculp. (Avant l'inscr.: à Paris chez la Vve. de F. Chereau, etc.) Lég. lat. (B).

900 **Roos, Theodor.** Historien- u. Portr.-Mahler, geb. zu Wesel 1638. In-24, sur feuille pet. in-fol., buste à droite, Franck fecit, av. notice biogr.

901 **Rudler, J. M.** Né à Husseren, le 7 juin 1795. Pet. in-fol., buste, lith. d'après nature par Leveillé, E. Desmaisons direxit, impr. Lemercier à Paris, épreuve sur Chine, à gr. marges. (Pl. de la „Galerie des représentants du peuple, 1848"). (B).

902 **Schatz, Joh. Jacobus,** Argentinensis, Gymnas. patrii Gymnasiarcha et Academiae Bibliothecarius. In-16, à mi-corps, avec armoiries, sans marges. (B).

903 **Schilling, Joh. Christoph,** Pasteur à l'église Ste.-Aurélie et à la Cathédrale de Strasbourg. In-8°, buste à droite, en méd. ovale, av. armoiries, lég. lat. et 4 vers allem. par H. M. Moscherosch, P. Aubry fecit. Pièce non montée.

904 **Schmid, Johannes.** S. S. Theol. Doctor, in Academia Argentoratensi Professor primarius, etc. Natus anno 1594, denat. anno 1658. Pet. in-4°, à mi-corps, tourné à droite, C. Romstet sculpsit. Pièce non montée.

905 — Id. Pet. in-4°, avec vers lat. et 4 vers allem., anno 1653, buste à droite, en méd. ovale, dans des ornements, P. Aubry sculpsit. (B).

906 **Schmid, Johannes Fridericus.** (Jurisconsulte). Gr. in-8°, lég. et 10 vers lat., à mi-corps, en méd. ovale, av. encadr. et armoiries. Ad vivum expressit fecitq. Jacobus ab Heyden Chalcogr. Argentin. Sans marges. (B).

907 **Schmid, Sebastian.** S. S. Th. D. Argent., Universit. Prof. sen., Convent. Eccles. Praeses et Cap. Thom. Praeposit. Aetat 78 anno 1694. Gr. in-8°, à mi-corps, tourné à droite. J. A. Seupel delin. et sculp., avec marges. (B).

908 — Pet. in-fol. Même planche, av. encadr., les noirs moins vigoureux et sans nom d'auteur. Sans marges. (B).

909 — Nat. 1617, denat. 1696. Pet. in-4°, lég. et 4 vers lat. par Joh. Georg. Pritius, rogné. (B).

910 **Schneider, Johann-Balthasar.** Colmariensis Reipl. Patriae Syndic etc. In-8°, buste à droite, dans un ovale encadré, lég. lat., sans nom d'auteur. A toutes marges. (B).

911 **Schoen, Martin.** (Schoengauer). (Peintre-graveur, 1440—1520). Buste à gauche, Flaxland, lith. de E. Simon fils. (Planche de „Sandmann, Vues des villes et bourgs etc."). Belle épreuve sur Chine, à gr. marges. (B).

912 — In-24, buste à droite, entouré d'une guirlande, fond teinté, découpé en ovale. Lith. moderne sans aucun texte. (B).

913 **Schötterle, Wolfgang.** Reip. Argent. Consulis emeritissimi. In-8°, à mi-corps, ¾, à droite, av. encadr., lég. et 4 vers lat., sans nom d'auteur. Pièce non montée.

914 **Schützenberger, Louis.** Brasseur. Pet. in-fol., à mi-corps, face, par J. B., lith. Ed. Hubert à Strasb., à toutes marges. (B).

915 **Schweighaeuser, Jean.** Pet. in-fol., buste à gauche, Flaxland, lith. de E. Simon fils, épreuve sur Chine, à gr. marges. (Planche de „Sandmann, Vues des villes et bourgs, etc."). (B).

916 — Gr. in-8°, buste à droite, engraved by Thomson, from a drawing by Lewis, lég. lat. Grav. sur acier, belle épreuve à gr. marges. (B).

917 **Sebizius, Melchior.** Med. Doct. Academici et Archiatri Argentinensis (1539—1625). In-4°, à mi-corps, à droite, en méd. ovale, avec des ornements alleg. Grav. sur bois (Stimmer). Sans aucune inscription. (B).

918 — In-8°, aet. suae 74 anno 1613. A mi-corps, à droite, dans un ovale encadré. Jacob ab Heyden fecit, av. 8 vers latins de Nic. Reusner. (B).

919 **Seubert, Johannes-Jacobus.** Med. Doctoris et Practici apud Argentoratenses celeberrimi. Pet. in-fol., buste à droite, dans un ovale encadré, lég. et 6 vers lat., T. Roos del., Bartolome Kilian sculp. anno 1676, sans marges. (B).

920 **Sleidan, Johannes.** (Consultiss. et Doctiss., ... in Reipubl. Argentorat.) Pet. in-fol., à mi-corps, assis derrière une table, J a c. v. H e y d e n s c u l p., à toutes marges. Au verso, texte allem. (E).

921 **Stoeber, Ehrenfried.** In-8°, sur papier in-fol., buste à droite, en méd. ovale, n a c h N a t u r g e z e i c h n e t v o n F. O b e r t h ü r, Lith. von M. F. Boehm, à gr. marges. Pièce non montée.

922 — In-fol., buste, profil à gauche, n a c h O h m a c h t, von J. D. B e y e r, lith. de G. Engelmann, à gr. marges. (A).

923 — In-8°, sur pap. pet. in-fol., d'a p r è s u n b a s r e l i e f d e F r i e d e r i c h, F l a x l a n d, lith. de Simon fils, à gr. marges. (B).

924 **Sturm de Sturmeck, (Jac.)** Städtmeister de Strasbourg 1538. (1489—1553). Gr. in-4°, à mi-genoux, assis près d'une table et s'entretenant avec une personne qui se tient derrière son siège. P e i n t e t l i t h. p a r E u g. B e y e r, impr. E. Simon, à pet. marges. (A).

925 — In-12, buste, face, en méd. ovale, avec encadr., lég. allem. J. R. H. f. 1792, à pet. marges. (B).

926 — In-32, buste en méd. ovale, sur pap. in-8°, lég. allem., S c h u l e r f e c i t 1817, à pet. marges. (B).

927 — In-8°, buste, dans un encadr., lég. et 8 vers lat., grav. anc. Au verso, beau frontispice de Fred. Brentel. Pièce non montée.

928 **Sturm, Joan.** Argentorat. Academ. Rectoris, etc. (1507—1589). In-64, buste, 3/4 à gauche, lég. lat., en reproduction photogr. inaltérable. (B).

929 **Taufrer, Joan.** SS. Theologiae Doctoris, in Argentorat. Academia Profess., etc. Natus anno 1584, obijt anno 1617. Pet. in-8°, à mi-corps, tourné à gauche av. encadr., lég. et 6 vers lat. M o n o g r. J. H. (v o n d e r H e y d e n), rogné. (B).

930 **Türckheim, Bernard-Frédéric Baron de.** Député du Dépt. du Bas-Rhin, élu en 1819. In-8°, buste, 3/4 à droite, en méd. ovale, grav. sur acier, à gr. marges. Pièce non montée. (2 exempl.)

931 **Voyer d'Argenson.** Député du département du Haut-Rhin. In-8°, buste à gauche, F. G r e n i e r 1820, lith. de Langlumé, Paris. Belle épreuve, à gr. marges. Pièce non montée.

932 **Walter, François.** (Graveur et dessinateur). Né à Strasb. le 9 mars 1755. In-8°, sur papier du Japon in-fol., buste, profil à droite, av. encadr. (attribué à J. D. H e i m l i c h). A très gr. marges. (A).

933 **Wegelin, Thomas.** August. Th. D. P. ord. Senior praeses conv. eccles. et Canonicus Thom. Argent. Obijt anno 1629, Anno aet. 52. In-16, buste, 3/4 à gauche, en méd. ovale, lég. et 10 vers lat. M o n o g r. J. H. (von der Heyden), rogné. (B).

934 **Willm, J.** Inspecteur de l'Académie. Pet. in-fol., buste à droite, p e i n t e t l i t h. p a r G. A d. S c h w a l b 1850, lith. Fasoli et Ohlmann. Epreuve sur Chine, à gr. marges. (B).

935 **Winckler, Théophile Frédéric.** Employé au Cabinet des Médailles de la Bibliothèque Impériale. Né à Strasb. le 9 janv. 1771, mort à Paris le 19 févr. 1807. Gr. in-8°, buste, profil à droite, C l e s s d e l., M e c o u s c u l p., à toutes marges. (B).

936 **Zell, Mathias.** In-24, sur son lit de mort, profil à gauche. C. M. 1548, reprod. photogr. (B).

937 **Zentgravius, Joh. Joachim.** S. S. Theol. D., in Universit. Argentor. Prof., etc. Nat. Argent. Anno 1643, denat. ib. 1707. Pet. in-fol., à mi-corps, tourné à droite, dans un ovale encadré. Belle épreuve, av. marges. (B).

938 **Zix, Benjamin.** (Peintre et graveur). Pet. in-4°, à mi-corps, tourné à droite, en méd. rond. Photogr. en bleu d'un portr. fait par lui-même.

939 — Pet. in-4°, à mi-corps, profil à gauche, fumant sa pipe. Photogr. en bleu d'un dessin fait à la plume par Zix lui-même.

Autres portraits faits par des artistes alsaciens.

Baldung Grien, Hans.

940 **Luther, Martin.** In-8°, à mi-corps, tourné à droite, av. encadr. **Monogr.** Grav. sur bois anc., tirée d'un ouvrage allemand. (B).

Heyden, Jacques von der.

941 **Maximilianus II.** Dei gratia romanorum Imperator semper Augustus. In-fol., buste à droite, en méd. ovale, av. encadr. et 2 pet. vues (Gotha et Vesprin), lég. et 8 vers lat., non signé, rogné. (B).

C. Vues d'Alsace et de Lorraine.

---

942 **Alspach.** — Restes de l'église d'Alspach. Arnout, d'après le croquis de M. Bichebois, lith. G. Engelmann. (Pl. de „Golbéry et Schweighaeuser, Antiquités de l'Alsace"). In-fol. obl., à gr. marges. (B).

943 **Bâle.** — Plan de la ville: Basle, ville capitale du canton du même nom, etc. In-fol. obl., à gr. marges. (B).

944 — — Beyde Stett Basel mit dem fürfliessenden Rhein vnd allen fürnemmen Gebewen. Monogr. RMD. In-fol. obl., grav. sur bois anc., tirée d'un livre allemand. (A).

945 — Le nouveau Casino au bord du Rhin à Bâle: J. Pedraglio, lith. d'E. Simon. In-12 obl., à pet. marges. (B).

946 **Ban de la Roche.** — Chez Meckert, Maison forestière des bois de Strasbourg. Lith. par Th. Müller, lith. de Simon fils. (Pl. des „Vues du Ban de la Roche et des environs"). Gr. in-8° obl., à toutes marges. Pièce non montée. Petites déchirures).

947 — La Hutte, près du champ du feu. Lith. par Th. Müller, lith. de Simon fils. (Pl. de la même collection). Gr. in-8° obl., à toutes marges. Pièce non montée.

948 **Belmont.** — Vue lith. par Th. Müller, lith. de Simon fils. (Pl. des „Vues du Ban de la Roche et des environs"). Gr. in-8° obl., à gr. marges. Pièce non montée.

949 **Bernstein.** — Plan du château de Bernstein, C. Winkler 1878. In-fol. obl., pl. autogr., av. encadr. et armoiries, lég. franç. et allem. Pièce non montée.

950 — Vue du château (reconstitué), av. pet. vue des ruines. Ch. Winkler del. et aut., impr. par L. Fassoli. In-fol. obl., à gr. marges, fond teinté. Pièce non montée.

951 **Brisach (Vieux).** — Plan: Ville forte sur le Rhein, Capitale de la Province de Briscow . . . . Les François en sont les maistres depuis l'an 1639. In-4° obl., à pet. marges. (B).

952 — Prospect der Stadt Breisach im Breisgau. In-8° double obl. (B).

953 **Colmar. — Vue cavalière.** Colmaria, vulgo Kolmar. (Pl. de „Bruin et Hogenberg", édit. allem.) Pet. in-fol. obl., rogné. (B).

954 — — Même planche. (Extr. de „Bruin et Hogenberg", édit. lat.) Pet. in-fol. obl., rogné. (B).

955 — — (Extr. de „Bertii, H., Comm. rer. germ.") Gr. in-8° obl. (Un second exempl. compl. rogné).

956 **Colmar. — Vue d'ensemble.** Vue prise depuis le pont de la Lauch, dit Pont Longue, route de Brisac. J. Rothmüller del. et lith., Impr. Frick frères. (Pl. de „Rothmüller,Musée pitt. et hist.") In-fol. obl., à gr. marg., fond teinté. (A).

957 — **Vue intérieure.** Boug d'Orschwillez del., Baugean sculp. A Paris, chez Osterwald. In-12 oblong., av. marges.

958 — **Cathédrale.** Côté du Midi. Gez. v. R. Höfle, Stahlstich v. Fr. Hablitscheck. In-8°, av. marges. (B).

959 — — Côté du Nord. Villeneuve d'après le croquis de Mr Chapuy, lith. de Engelmann & Co. (Pl. de „Golbéry et Schweighaeuser, Antiq. de l'Alsace"). In-fol., à gr. marges. (B).

960 — **Cloître des Unterlinden.** Les Unterlinden, reconstitués av. les anc. plans, livres et différ. traditions verbales. Dédié à la Soc. Schöngauer. Vue à vol. d'oiseau, par Ch. Winkler 1883. Gr. in-fol. Planche non montée.

961 — **Collége royal.** Elévation de la coupe en travers du théâtre et de la bibliothèque du collége royal de Colmar. D. Ixnard inv. 1 feuille gr. in-fol. (A).

962 — **Maison Staub,** rue St-Jean. D'après le croquis de Mr Foltz lith. p. X. Sailé. (Pl. de „Foltz, Souvenirs hist. du Vieux Colmar"). In-8°, fond teinté. (B).

963 **Dabo.** — Vue du village. J. Kolb del., lithogr. de E. Simon. In-8°, av. marges. (B).

964 **Epinal.** — Vue d'ensemble. Ballura del., Deseaux sculp. (Pl. de la „France pittoresque"). In-8° obl., à gr. marges. (B).

965 **Forbach.** — Vue prise de la route de Schoeneck. Dessiné d'après nat. et lith. par A. Maugendre, impr. par Aug. Bry à Paris. (Pl. des „Chemins de fer de l'Est"). Gr. in-fol. obl., à toutes marges, col. (A).

966 **Fribourg.** — Die Statt Freyburg im Breysgaw. (Plan à vol d'oiseau). In-8° obl., à pet. marges. (B).

967 **Hohwald.** — Eglise et presbytère du Hohwald. Dess. d'après nat. par Th. Müller 1837, lith de E. Simon. In-fol. obl., av. marges. Pièce non montée. (Un second expl. moins bien cons.).

968 — Scierie des bois de Strasbourg au Hohwald. Th. Müller lith. d'après nature, lith. d'E. Simon fils. (Pl. des „Vues du Ban-de-la-Roche et des environs"). In-fol. obl., av. marges. Pièce non montée.

969 **Lièpvre.** — Leberaw. Pet. grav. sur bois anc. (Extr. de „Seb. Munster, Cosmographia" 1545). In-64. (B).

970 **Marienthal.** — Autel av. l'image miraculeuse de la Sainte-Vierge, dans l'église de Marienthal. Dédié à la Reine. Weis Arg. fc. A Strasb. chez Perrier, marchand d'estampes etc. In-fol., à toutes marges. (B).

971 **Metz. — Plan à vol d'oiseau.** — Metz, Capitale de l'Evêché du même nom. Avec les armes de la ville. Pet. in-4°, à pet. marges. Gravure sur cuivre. (B).

972 — — Metz. Lég. franç. Av. les armes de la ville. (De la même époque que la planche précédente). In-fol. obl., grav. sur cuivre. (B).

973 — — Mets. Lég. franç. Av. costumes. (Pl. d'un ouvrage lat.) Gr. in-fol. obl., rogné du haut. (A).

974 — **Vue d'ensemble.** — Metz in Lothringen. (Entête: „Non tutum fidere cunctis"). Au fond la ville, et au 1r plan quelques personnages allég. Lég. lat. et 4 vers allem. (Pl. de „Meisner, Sciographia Cosmica"). In-16 obl. (B).

975 **Metz. — Cathédrale.** — (Vue prise de la Place d'Arme). Lith. de Dembour et Gangel, Metz. Fond teinté. Gr. in-8°, à gr. marges. (B).

976 — — Auf der Thurmspitze des Metzer Doms. R. Assmus. Grav. sur bois mod., découpé d'un volume. In-8° étroit. (B).

977 — — Intérieur. E. Pêcheur, lith. de Dembour et Gangel, Metz. Fond teinté. Gr. in-8°, à gr. marges. (B).

978 — — — Dessin d'Emile Faivre, de Metz. Grav. sur bois mod., découpée d'une publication franç. In-8°. (B).

979 **Moyen.** (Canton de Gerbéviller. Château fort). — Moyen, pris par Mr du Hallier 1641. Cochin sc. In-8° obl., av. marges. (B).

980 **Mulhouse. — Bassin du Canal du Rhône au Rhin.** — Dessiné d'après nature par J. Pedraglio, Imp. Lavis Aquarelle Lith. E. Simon à Strasb. In-fol. obl., sans marges. (B).

981 — **Nouveau Quartier.** — Plan général du nouveau quartier. Projet original de F. F. (F. Fries) 1826. Gr. in-fol. obl. (A).

982 **Nancy. — Plans.** — Plan anc., sans texte, dans le haut: „Nancy". In-8° obl., av. marges.

983 — — Plan des villes et citadelle de Nancy. Lég. et tables du plan en franç. In-12 obl. (B).

984 — — Nancy. Sans autre texte ou explication. Avec encadr. In-8° obl., rogné.

985 — — Plan de la ville de Nancy, Capitale du Duché de Lorraine. Av. encadr. architect. Lég. et explicat. en franç. Pet. in-8° obl., à pet. marges.

986 — — Plan de la Citadelle de Nancy. Avec table du plan, en français. In-12 obl.

987 — **Détails.** — 31e Vue septentrionale de la grande place dite de la Carrière. Présentement chés Lachaussée, à Paris chés Daumont. In-fol. obl., à toutes marges. Color. à la ma[illegible]. (A).

988 **Neuwiller. — Temple protestant.** J. Kolb del., lith. E. Simon. In-8°, av. marges. (B).

989 **Ostwald.** — Colonie agricole à Ostwald. Vue générale. Dressé par N. Villot et F. Fries, architectes de la ville. 1841, Th. Müller del., lith. d'E. Simon fils. In-fol. obl., à très gr. marges. (A).

990 **Phalsbourg.** — Plan: Place fortifiée de nôtre temps, située aux frontières d'Alsace et de Lorraine etc. Chez le sieur de Fer, dans l'Isle du Palais. (1694). In-4° obl., à pet. marges. (B).

991 **Ribeauvillé.** — Place de la Sinn. L. Steigelmann sc. Lith. d'A. Bressler. 1845. (Vue prise au daguerréotype). In-16 obl., sur papier vélin, à gr. marges.

992 **Rouffach. — Vue cavalière av. le château d'Isenbourg.** — Virtus cum pietate fides. Av. fig. allégor. et vers lat. et allem. (Pl. de „Meisner. Sciographia Cosmica, 1642"). In-16 obl. (B).

993 **Saint-Dié.** — Vue de St-Dié. Lith. de G. Engelmann. Gr. in-fol. obl., à toutes marges. (A).

994 **Saint-Maurice.** — Environs de St-Maurice (Vosges). Lith. par Leborne, lith. de Lemercier. („Vues de France", No 19). In-fol. obl., av. marges. (A).

995 **Saint-Ulric. — Château** de St-Ulric près Ribeauvillé. H. Ganier. Grav. sur bois. In-8°, avec marges. (B).

996 — **Plan.** — St. Ulrich bei Rappoltsweiler. Ruines près de Ribeauvillé. Ch. Winkler fec. et aut., red. et imp. E. Hubert et Haberer. (1876). Av. armoiries. Pet. in-fol. obl., à gr. marges. Pièce non montée.

997 **Saint-Ulric. — Vue du château (reconstitué).** Winkler aut., red. et imp. E. Hubert & E. Haberer. Autogr., fond teinté. Pet. in-fol. obl., à gr. marges. Pièce non montée.

998 — — Id.: Burg Rappoltstein bei Rappoltsweiler im Elsass, Altenkastel und Niederburg im XI. Jahrh., jetzt St. Ulrich genannt. C. Winkler 1887. En photolith. Gr. in-4°, à toutes marges. Pièce non montée.

999 **Sainte-Marie-aux-Mines. — Vue prise de la Croix-de-Mission.** — Lith. par Ed. Freyss, imp. lith. de Th. Siegfried. Pet. in-fol. obl., av. marges. Pièce non montée.

1000 — — Th. Müller lith. d'après nature, lith. E. Simon fils. In-fol. obl., à petites marges. Pièce non montée.

1001 — — Dessiné d'après nature par Wild, lith. par Bichebois, fig. par Deroy. Très gr. in-fol. obl., avec racommodages, sur toile. (O).

1002 — **Etablissement de Mr Landmann-Ledoux.** J. Stumpff del. 1856, lith. A. Jardel. In-fol. obl., rogné. (A.)

1003 — **Vue prise de la rue St. Louis,** (au daguerréotype). 1845. L. Steigelmann sculp., lith. d'Alfred Bressler à Ribeauvillé. Sur Chine. In-16 obl., à gr. marges. Pièce non montée. (2 ex.)

1004 — **Vue prise du pont de l'anc. Poste,** (au daguerréotype). 1845. Lith. d'Alfr. Bressler à Ribeauvillé. Sur Chine. In-16 obl., à gr. marges. Pièce non montée. (2 ex.)

1005 **Sainte-Odile. — Chapelle de Ste.-Odile.** Bichebois d'après le croquis du colonel Brack, lith. de G. Engelmann. (Pl. de „Golbéry et Schweighaeuser, Antiq. de l'Alsace"). Pet. in-fol., rognée. (B.).

1006 **Sarrebourg.** — Sareburg, prise par le D. de Weymar 1636. Cochin sc. Pet. in-4°. (B).

1007 **Saverne. — Vue générale.** Vue prise du chemin de fer. Dessiné d'après nat. et lith. par A. Maugendre, impr. par Aug. Bry à Paris. (Pl. des „Chemins de fer de l'Est"). Color. In-fol. obl., à très grandes marges. Exemplaire non monté.

1008 — **Eglise protestante.** (Intérieur). J. J. Kolb del., lith. E. Lemaître à Strasb. Fond teinté. Pet. in-fol. obl., av. marges. (B).

1009 — **Le Canal.** Récolte de la glace. Photolith. de Mr L. Christmann. Pet. in-fol. obl., à gr. marges. Pièce non montée.

1010 **Schiltigheim. — Eglise.** Croquis d'après nat. de Raphaël. Autogr. (Tirage à part du „Cri-Cri"). In-4°, à gr. marges. (B).

1011 **Schlestadt. — Plan.** — Die Kaisserliche Freyreichsstatt Schlettstatt 1560. Dessin à l'encre de Chine par F. J. Stumpff fils. In-fol. obl., av. marges. (A).

1012 — — Schlestat, une des dix villes impériales d'Alsace, au Roy, située sur la rivière d'Ill, etc. (1693). Grav. sur cuivre. Pet. in-fol. obl., av. marges. (B).

1013 — **Eglise Sainte-Foy.** Tour av. détails. Chapuy del., Cuvillier lith., impr. par Lemercier. (Pl. de „Le Moyen-Age monumental et archéolog.") In-fol., av. marges. (B).

1014 **Soultz-sous-Forêts.** — Vue d'ensemble. (Dessiné d'après nat. et lith. par Baumann). Gr. in-fol. obl., rogné. (B).

1015 **Steige.** — Vue intérieure. Lith. de Simon fils. (Pl. des „Vues du Ban-de-la-Roche et des environs"). Gr. in-8° obl., à très gr. marges. Pièce non montée.

1016 **Stephansfeld.** — Vue prise à vol d'oiseau. (Chemin de fer de Paris, Montagnes de la Forêt noire). Lith. d'après nature par Th. Müller, impr. lith. E. Simon. Fond teinté. In-fol. obl., av. marges. Pièce non montée.

1017 **Thann. — Vue d'ensemble.** — Vue prise de la route de Lembach. Dessiné d'après nat. et lith. par A. Maugendre, imp. par Aug. Bry à Paris. Color. (Pl. des „Chemins de fer de l'Est.") In-fol. obl., à toutes marges. (A).

1018 — **Vue partielle.** — Vue de Thann et du Château d'Engelbourg. Bichebois, d'après le croquis de Mr Chapuy, lith. de Engelmann. (Pl. de „Golbéry et Schweighaeuser, Antiq. de l'Alsace"). In-fol. obl., à gr. marges. (B).

1019 **Urbeis.** Vue générale. Lith. E. Simon fils. (Pl. des „Vues du Ban-de-la-Roche et des environs"). Pet. in-fol. obl., à gr. marges. Pièce non montée.

1020 **Wissembourg. — Eglise.** 2 vues semblables in-24 et in-64 découpées d'une publication moderne. (B).

D. Strasbourg.

I. Vues d'ensemble.

1021 **1493. — Vue prise hors la Porte de l'Hôpital.** Grav. sur bois, (tirée de „Schedel, liber Chronicarum", Nuremberg 1493). 2 feuilles réunies, in-fol. obl. (A).

1022 **1616. — Vue prise de la Finkmatt.** „Strasburg". Grav. sur bois, (tirée de „H. Bertii commentar. germ. libri tres"). In-8° obl., tirage à part, sans texte au verso.

1023 **1642.** — Id. „Univers. Strassburgk", av. la suscription: „Initium sapientiae timor domini". Au-bas, vers lat. et allem. (Pl. de „Meisner, Sciographia Cosmica", 1642). In-12 obl., à pet. marges.

1024 **1663.** — Id. „Argentina. Strassburg", au-dessus, les armes de la ville. Au bas de la planche, sur une banderole, description allem. en 40 Nos., et à droite une boussole. Grav. sur cuivre. (Pl. de „Merian, Topographia Alsatiae. 1663"). Pet. in-fol. obl., av. marges. (A).

1025 **1663.** — Id. „Strasbourg". Copie française faite sur la planche précédente, mais beaucoup moins nette. Mêmes figures. Sur la boussole se trouve le nom de „Briasartf." (?) In-fol. obl., sans marg. (B).

1026 **1665.** — Id. „Abbildung der vornehmen und überauss vesten Reichsstadt Strassburg 1665". Paulus Fürst excudit, L. S. fecit. Dans l'angle gauche du haut, les armes de la ville; au bas de la planche, sur une banderole, la description allem. en 40 Nos., à droite, une boussole; au- dessous de la banderole, dans la marge du bas, 6 vers allemands. Grav. sur cuivre. In-fol. obl. (B).

1027 **vers 1760.** — Id. „Argentina, versus septentr.". Barbier inv., Johannes Striedbeck del. et sculps. Argent. Av. armoiries, fig. allégor. et 6 petits plans des divers agrandissements de la ville, av. la mention: „Incrementa urbis". Dans la marge du bas sont énumérés, en 31 Nos., les églises, les édifices publics et les portes, (en latin). (Pl. de „Schoepflin, Alsatia illustrata", 1752—1763). Gr. in-fol. obl., à pet. marges. (A).

Vues diverses de la ville prises des environs.

1028 **Vue prise hors la Porte des Pêcheurs. — 1630.** — „Strasburg", W. Hollar fecit 1630. Grav. sur cuivre. In-12 obl., rogné.

1029 — **vers 1800.** — „Seconde vue de Strasbourg". Peint par J. Stunz, gravé par F. Reinermann. Grav. teinte bistre. In-fol. obl., à gr. marges. (A).

1030 **Vue prise de la Montagne-Verte. — vers 1775.** — „Vue des environs de Strasbourg prise sur le pont de la Montagne verde". Dessiné et gravé d'après nature par J. D. Heimlich. Gr. in-8° obl., en reproduction photogr. inaltérable.

II. Rues, Places, Quais, St.-Thomas.

Eglise Saint-Thomas.

1031 **Saint-Thomas.** — „St.-Thomas à Strasbourg". Elévation de la façade. Grav. sur cuivre par C. P(errin). In-8°, à gr. marges. (B).

1032 — „Eglise St.-Thomas. St.-Thomaskirche. St. Thomas Church". Gez. v. R. Höfle, Stahlst. v. Joh. Poppel, Druck u. Verlag v. G. G. Lange in Darmstadt. In-12 obl., av. marges.

1033 — „St.-Thomas à Strasbourg". Grav. sur cuivre par C. P(errin). In-8°, à grandes marges. (B).

Bain-aux-Plantes.

1034 **„Un coin du Bain-aux-Plantes".** (Le vieux Strasbourg). Par Homborg (?). Lithogr. in-fol., à très gr. marges. (A).

Maison des Diaconesses.

1035 **„Etablissement des Diaconesses à Strasbourg.** Vue prise du Rempart." J. Lorentz photogr. et lith. C. Fasoli & Ohlmann. Fond teinté. In-fol. obl., à très gr. marges. (A).

Places.

1036 **Place St.-Thomas.** — Place St. Thomas en hiver. Ch. Winter phot. Reprod. photogr. d'une anc. gravure. Gr. in-8° obl., à gr. marges.

Portes.

1037 **Porte Nationale.** — Vue extérieure avant 1870. Imp. Bachelin-Deflorenne, Paris. Photograv. d'après une aquarelle ou un lavis. In-fol., à gr. marges. (B).

Tours.

1038 **Tour du Diable** (hors l'écluse de fortification). — A. Touchemolin. Autogr. (Tirage à part en bistre de „F. Reiber, La Montagne-Verte"). In-24 obl., sur pap. de Hollande in-fol. (B).

III. Cathédrale.

1. Extérieur. Vues d'ensemble.

a) Façade et Côté sud.

1039 **1587.** — Av. inscription latine de 26 lignes dans un cartouche à droite. Daniel Specklin fecit 1587. Gravé par Math. Greuter dont on voit le monogr. MG à droite sur le piédestal des cariatides bordant l'inscription. Gr. in-8°, sans marges. (B).

1040 **1615.** — Av. notice hist. de 76 vers allem. dans un cartouche à droite: „In Strassburg der uralten Statt / Die man Argentorat gnand hat . ." et finissant par „Isaac Brunn Ihns kupffer bracht, In dem Jahr da man thut zehlen Tausendt sechs hundert Fünff Zehn". Au dessous, dédicace lat. en 3 lignes: „dedicat Isaac Brunn Argentoratensis chalcographus Ao 1615". Gr. in-fol. en 2 feuilles réunies, à pet. marges. (A).

1041 **vers 1700.** — „L'Eglise Cathédrale de Strasbourg". Avec les boutiques, mais sans la partie de l'horloge. (Pl. d'un ouvrage, p. 179). Gr. in-8° étroit, sans marges. (B). (2 exempl.)

1042 — Sans aucune légende. Joh. Adam Seupel Calcographus Argent. sculpsit (ne se voit presque plus), plus la mention (très lisible): „Se vend à Strasbourg chez J. G. Guttermann, relieur". Très gr. in-fol., à toutes marges. (O).

1043 **Fin du 18e siècle.** — „Eglise Episcopale de Strasbourg". Gravé au lavis. In-16, sans aucune marge, et par suite, sans aucune inscription. (B).

b) Façade et Côté nord.

1044 **1645.** — „Turris et aedes ecclesiae Cathedralis Argentinensis à Wenceslao Hollar Bohémo, primo ad vivum delineata, et aqua forti aeri insculpta, Ao 1630, denuoque facta Antverpiae, Ao. 1645". W. Hollar fecit 1645. Pet. in-4°, sans marges. (B).

1045 — „Aedes ecclesiae Cathedralis Argentoratensis etc." Av. notice histor. en 28 vers lat. Planche semblable à la précédente, variantes surtout dans les personnages. In-4°. Attribué à Mathieu Mérian.

1046 **1706.** — „Nouvelle et parfaite Représentation de la grande Eglise et du clocher de Strasbourg". Notice hist. franç. et allem Strasburg, zu finden bey Guido Boucher. (Pl. de l'„Alsace françoise", 1706). In-fol., en deux feuilles réunies. (A.)

1047 — Id. Même planche. La notice hist. en est découpée. (B).

1048 **19e siècle.** — „Cathédrale de Strasbourg". Publié par Blaisot. Lith. sur Chine, in-16, à gr. marges. (B).

c) Façade.

1049 **„Cathédrale de Strasbourg".** Burg fecit, lith. de Engelmann & Co. (Pl. de l'„Architecture"). Gr. in-8°, à pet. marges. (B).

1050 **„Der Münster in Strassburg von dem östl. Thurme der Thomaskirche gesehen".** Gezeichnet u. gestochen v. L. Schnell 1826, gedruckt von F. Siedentopf in Carlsruhe. Epreuve sur Chine. In-fol. obl., av. marges. Petits raccommodages. (A).

1051 **„Cathédrale de Strasbourg".** Lithogr. de F. G. Levrault. Pet. in-fol. (B).

2. Extérieur. Détails.

1052 **Grand portail.** — Grand Portail de la Cathédrale de Strasbourg. Reproduction photogr. de l'ancienne porte en cuivre. In-8°. (B).

1053 **Détails des Portails.** — Chapuy del., Ch. Fichot lith., imp. Lemercier à Paris. (Pl. de „Le Moyen-Age monumental et archéologique"). In-fol., av. marges. (B).

1054 **Portail de l'horloge.** — Avant toute lettre. Grav. anc. In-fol. Pièce non montée.

1055 **Sculptures.** — „Corniche symbolique au bas d'une galerie. (Côté méridional)". Dessiné d'après nat. p. F. Piton, lith. C. Fasoli et Ohlmann. (Pl. de „Piton, Strasbourg ill.") Pet. in-fol. obl., av. marges. (B).

3. Intérieur. Vues d'ensemble.

1056 **1616.** — „Adumbratio interioris Concamerationis artificiosissimae Summi Templi fabricae". Dédicace lat. Delineata primum Ao. Virginei partus 1616, jam verò aeri insculpta Ao. 1627 à Jacobo ab Heyden, chalcographo Argentinensi. In-4°. (B).

1057 **1630.** — „Adumbratio interioris Concamerationis artific. Summi Templi fabricae". A la droite du haut, cartouche orné de figures allégoriques, av. notice histor. latine en 39 lignes. Au bas, cartouche orné, av. dédicace latine. Isaacus Brunnius Chalcographus Anno 1630. 2 feuilles réunies, in-fol. (A).

4. Intérieur. Détails.

1058 **Orgue.** — „Orgues de la Cathédrale de Strasbourg". Wagner del. et sc., atelier de gravure sur acier d'E. Simon. In-12, à gr. marges. (B).

1059 **Procession et messe des animaux.** — Figures satiriques, détails de la corniche d'un pilier. Gravure sur bois, réimpression de 1728 d'une planche parue en 1608. Epreuve avant toute lettre. (Edition brûlée en 1728 par les mains du bourreau, en vertu d'un jugement du Grand-Sénat de Strasbourg). Gr. in-4° obl. Pièce non montée.

1060 **Horloge astronomique de 1574.** — „Das Münster zu Strasburg" (façade et côté nord) u. „die Uhr im Münster zu Strasburg". Sur 1 feuille in-8° obl. (Par Pierre Aubry 1650). (B).

1061 — „Horologium astronomicum Argentoratense. Strasburg zu finden bey Johan Tscherning aufs Tomas Plan." Description, en 152 vers lat., à gauche. Figures du 17e siècle sur le premier plan. Très gr. in-fol., rogné. (A).

1062 **Horloge astronomique restaurée en 1842.** — Lith. de D. Baltzer à Strasb., chez R. Nicker, rue Mercière 12. In-16, à pet. marges. (B).

1063 — Lith. et imprimé en couleurs chez E. Simon à Strasb. E. Simon fils Editeur. In-8°, à gr. marges. (B).

IV. Environs de Strasbourg.

1064 **St.-Johann.** A Wenceslao Hollar Bohemo delineatae et aqua forti aeri insculptae Londini, Ao. 1643 et 1644. In-12 obl., rogné.

E. Armoiries, Emblèmes, Vignettes, Estampes diverses.

1. Armoiries et sceaux.

1065 **Armoiries de la ville de Strasbourg.** 9 planches d'après les documents des diverses époques. (Réimpr. de planches xylographiques originales, lithogr. et photolithographies). (B).

1066 **Armoiries de Sainte-Marie-aux-mines.** Dock sc. Photographie du médaillon. (B).

1067 **Sceau du Val d'Eschery (S. Valis Eckerich).** Photographie d'un contrat de vente. Pet. in-4°. (C). (2 exempl.)

2. Calendriers.

1068 **Imprimerie Berger-Levrault et Co à Nancy.** Calendrier de 1888, par H. Ganier. In-fol. obl., monté sur carton.

3. Diplômes et Planches commémoratives.

1069 **Diplôme.** Société de gymnastique „L'Ancienne", fondée en 1864. P. Reiber. Photolith., gr. in-fol., à toutes marges. (A).

4. Emblèmes. — Allégories

1070 **Ecussons du Cercle vicieux.** 2 planches lith. et autogr., sur papier de Hollande. (B).

1071 **Strassburger Meister. — Die alten Meister.** 2 pl. autogr. Druck v. E. Hubert u. E. Haberer in Strassburg. Pet. in-fol. obl. (B).

1072 **Statues en bois,** surmontant l'horloge de l'anc. hôtel de la monnaie. L. Thiébault. Autogr., av. lég. franç. In-4°. (B).

5. Frontispices, titres de livres.

1073 **Un lot de frontispices et de gravures sur bois tirés d'ouvrages anciens et modernes imprimés à Strasbourg.**

6. Invitations.

1074 Réunion d'amis de **Ch. Blumer.** Dessin de E. Schweitzer 1864. Lith. D. Baltzer. In-fol., av. marges. (B).

1075 Invitation à la réunion générale de **la Caravane,** le 27 Octobre 1888. (Groupe de jeunes gens de l'Union). Typogr. de G. Fischbach. Pet. in-4°. (C).

7. Programmes illustrés.

1076 **Casino de Strasbourg.** — 3 programmes de l'hiver 1873/1874. Dessins de G. Save et Ad. Seyboth. Pet. in-fol. (B).

1077 **Argentina.** — Fêtes de Sainte-Cécile 1888 et 1891. 2 pièces. (C).

1078 **Harmonie chorale et Harmonie militaire.** — 7 pièces de formats divers. (B).

1079 **Fanfare Sellénick.** — 2 pièces. (B).

1080 **Union musicale de Strasbourg.** — 17 pièces de formats div. (B).

1081 **Union Chorale de Strasbourg.** — Fêtes de Sainte-Cécile 1895 et 1896. 2 pièces.

1082 **Sociétés musicales diverses.** — 12 pièces de formats divers. (B).

F. Estampes Historiques.

1. Evénements divers.

1083 **16e siècle.** — „Der Statt Metz Circkell, Mawren vnd Porten etc." (Pl. de „Seb. Münster, Cosmographie"). Grav. sur bois. Gr. in-8°. (B).

1084 **1576.** — (8 Décembre). — Einzug Johann-Casimirs in Frankreich. Lég. en 12 vers allem. Grav. sur cuivre. Pet. in-fol. obl., av. marges. (B).

1085 **1592.** — (25 Août). — „Abcontrafetung der Schlacht so Zwischen den Strasburgischen vnd Lotharingischen ano 1592 den 25 augusti gehalten worden". Grav. coloriée. Pet. in-fol. obl., sans marges. (B).

1086 **1616.** — (13 Mai). — „Eigentliche Verzeichnus des Burgerlichen Schiessen mit 12 Groben stucken zu Strasburg vor dem Metzigerthor gehalten vnd angefangen den 13 May disses 1616. Jar." Reproduction photolith., in-fol. obl., av. marges. Pièce non montée.

1087 — (s. d.) — „Strassburger Gschütz, Nürnberger Witz, Augsburger Geld, Regiern die Welt". (Complète la planche précédente). Reprod. photolith., in-fol. obl., av. marges. Pièce non montée.

1088 **1639.** — (Juin). — „Belägerung der Vöstung Diedenhoffen, vnd wie solche von der Kays. Arme, unter dem Commando Ihr. Exell. Gen. Piccolomini, entsetzet . . . worden im Junij 1639". Carlo Cappi Ingenier delineavit. In-fol. obl., av. marges. (A).

1089 — — „Disposition der Kay: Armata, wie solche zum Entsatz der vestung Diedenhoven an marchiret. Anno 1639". Pet. in-fol. obl., av. marges. (B).

1090 **1749.** — (23 Février). — „Représentation des édifice et décorations élevés, et du feu d'artifice exécuté le 23 Février 1749 par les ordres du Magistrat de Strasbourg, sur la Rivière d'Ill, proche l'Hôtel du Gouvernement, à l'occasion de la publication de la paix." Inventé et dessiné par Weis, graveur de la ville de Strasbourg, et gravé par l'auteur. Gr. in-fol. obl., rogné et remonté. Avec un petit cadre en bois sculpté de l'époque.

1091 **1751.** — (8 Février). — „Représentation du Catafalque dressé à l'occasion des funérailles de Son Altesse Monseigneur le Comte Maurice de Saxe, Duc de Courland etc., dans l'Eglise Neufe à Strasbourg le 8 Février 1751". Lég. franç. et allem. A Strasbourg chez Weis, Graveur de la ville, et chez Perrier. Gr. in-4°, à toutes marges. (A).

1092 **1780.** — (Juillet). — „Lectus Fenebris Reverendissimi . . . . Domini Caroli Alexandri Lotharingiae et Barri Ducis, etc., obiit Princeps optimus in Regia arce Turensi IV nonas Julii 1780". Ftres Klauber sculps. promte Aug. Vind. Pet. in-fol. obl. (B).

1093 **1793.** — (15 Décembre). — Euloge Schneider exposé à Strasbourg le 15 décembre 1793. Dessin au crayon par Alf. Touchemolin 1883. In-4°. (B).

1094 **1796.** — (Septembre). — „L'Attaque des Autrichiens sur Kehl, repoussés par les Français le 2e jour complémentaire An IV". (Peint et gravé par J. G. Gerhardt.) Lég. franç. manuscr. Grav. coloriée. In-fol. obl., rogné. (A).

1095 **1800.** — (30 Mai). — „Incendie du théâtre de Strasbourg". Lith. par Sandmann, lith. de Simon fils. (Pl. de l'„Album alsacien"). In-8° obl., à gr. marges. (B).

1096 **1809.** — „Das Gänsel spiel oder die Carnaval auf dem Wasser bei Strassburg". Jupiter, d'après une planche du temps. Lithogr. Pet. in-fol. obl., av. marges. (B).

1097 **1839.** — (14 Avril). — „Concert donné au Théâtre de Strasbourg le 14 Avril 1839, au profit des victimes du tremblement de terre de la Martinique". Lith. de Simon fils. (Pl. de l'„Album alsacien"). In-4° obl., av. marges.

1098 **1870.** — (Juillet). — „Douaniers aux avant-postes. Digue du Rhin, Juillet 1870". A. Touchemolin. Lith. à vapeur A. Dusch. Fond teinté. In-fol. obl., à gr. marges. (A).

1099 **1870. — Siège et Bombardement de Strasbourg.** — „Strasbourg. Broglie. Septembre 1870". Peint par Touchemolin, 1877. Reproduction photogr. In-fol. obl., à gr. marges. (B).

1100 — — „Un coin de Jardin (au Broglie)". A. Touchemolin. Lith. à vapeur A. Dusch. Fond teinté. In-4° obl., à très gr. marges. (A).

1101 — — „Strasbourg le 28 Septembre 1870". Pl. allégor. C. Em. Matthis pinx. del. Strasb. 1870, impr. E. Simon. Fond teinté. Très gr. in-fol. (O).

1102 — — „Strasbourg aux braves morts pour sa défense". A. Touchemolin. Lith. à vapeur A. Dusch. Fond teinté. In-4°, à gr. marg. (A).

1103 — „Gesprengte Brücke über den Armançon bei Nuits-Sous-Ravière". Dessin au crayon. Pet. in-fol. obl. (B).

1104 **1871.** — (9 Juin). — „A la mémoire de Melle Marguerite-Adèle Riton, morte par accident en soignant les prisonniers français de passage à Koenigshoffen, dans la nuit du 9 juin 1871". E. Matthis, impr. par E. Simon. Lith. In-fol., à gr. marges. (B).

1105 **1876.** — (9 Juillet). — „Fête de gymnastique à Koenigshoffen et feu d'artifice à la Montagne-Verte. Au profit des inondés. 9 Juillet 1876". Paul Reiber del. et lith., lith. à vapeur F. Groskost. Fond teinté. In-fol. obl., à très gr. marges. (A).

1106 **1877.** — „Zur Erinnerung an den Einzug Kaiser Wilhelms in Strassburg am 1. Mai 1877". Médaille commémorative. (Frontispice de „Die Kaiserdenkmünze"). Photolith. In-8°. (B).

2. Estampes satiriques.

1107 **1791.** — „La petite Contre-révolution. Tragi-comédie en 4 actes, exécutée à Strasbourg le 3, 15, 16 et 17 Janvier 1791, etc." Gr. in-8°, reproduction photogr. en noir. (C).

1108 — „Marche du Dom Quichotte moderne pour la deffence du Moulin des Abus". (La fuite à Varennes, le 21 juin 1791). Caricature polit. coloriée. Très gr. in-fol. (A).

1109 **1874.** — „On aurait pu mieux choisir en 1874". Impr. Hubert et Haberer. Lithogr. (Pl. des „Croquis alsaciens"). Pet. in-fol. obl., av. marges. (B).

1110 — „Souvenirs des Elections de 1874". Impr. Hubert et Haberer. Lithogr. (Pl. des „Croquis alsaciens"). In-fol. (B).

G. Antiquités Romaines.

1111 **Colonnes itinéraires.** Weis sc. (Pl. d'un ouvrage). Pet. in-4°. (B).

1112 **Donon.** — Ansicht des Donon, 2 Uebersichtskarten, Plan der Alterthümer, Stein vom Donon, jetzt im Museum zu Epinal. J. Euting. 1. II. 82. Autogr. R. Schultz & Co. In-8°. (B).

1113 **Rheinzabern.** — Bas-reliefs en terre-cuite trouvés à Rheinzabern. Lithogr. d'E. Simon. 4 planches in-12, montées sur 2 cartons. (B).

H. Monuments du Moyen-Age.

1114 **Beaupré.** — Abbaye ducale de N. D. de Beaupré, fondée en 1131. J. Cayon inv. et scul. 1853. Grav. à l'eau-forte. In-12, à très gr. marges. Pap. de Hollande. (B).

1115 **Fribourg.** — Autel en bois sculpté, dans l'église de Notre-Dame à Fribourg. Dessin de Chapuy, lith. de Fichot, impr. Lemercier à Paris. Sur Chine. (Pl. des „Meubles religieux et civils"). Pet. in-fol., av. marges. (B).

1116 **Strasbourg.** — Porte de la chapelle de l'oeuvre Notre-Dame à Strasbourg. Dessin colorié de A. Chuquet. In-4°. (B).

1117 — Tombeau de l'Evêque Conrad de Lichtenberg, Intérieur de la Cathédrale de Strasbourg. J. Rothmüller del., lith. de Hahn et Vix. (Pl. de „Rothmüller, Vues pittoresques etc."). In-12, à gr. marges. (B).

1118 — Sarcophage de l'Evêque Adaloch à l'église St Thomas à Strasbourg. 830. Grav. sur cuivre par Ch. Perrin. In-8° obl., à grandes marges. (B).

1119 **Tournai.** — Tombe de Jean de Chevrot, 69e Evêque de Toul. (Cathédrale de Tournai). 1460. D'après un dessin appartenant à Mr Dufresne, lith. H. Christophe, Nancy. In-12 obl. (B).

1120 **Vitrail gothique**, composé par M. Klein, gravé sur bois par Mr Brevière, impr. en 15 couleurs par G. Silbermann. (Novembre 1845). Gr. in-fol., à toutes marges. (A).

J. Monuments modernes.

1121 **Colmar.** — Statue de l'amiral Bruat. Dessiné et gravé par A. Guillomot, d'après A. Bartholdi. 1860. Av. dédicace signée de A. Bartholdi à Mr Liblin. Epreuve sur Chine. In-fol. obl., à très gr. marges. (A).

1122 — La statue de Pfeffel à Colmar, par A. Friederich. Dessiné et gravé par Ch. Goutzwiller, Imp. Chardon aîne, Paris, 1859. Sur Chine. Gr. in-8°, à gr. marges. (B).

1123 **Hindelbanck.** — Tombeau de Madame Langhans, inventé et exécuté par Mr J. A. Nahl (de Strasbourg) dans l'église paroissiale de Hindelbanck. à 2 lieues de Berne. A Basle chez Chr. de Mechel. In-fol., avec marges. (A).

1124 **Nancy.** — Statue de A. Thiers. Nancy, 3 août 1879. Publié par Gerhardt aîné et Co. Nancy. Lith., fond teinté. In-12, à gr. marges. (B).

1125 — Ferronnerie lorraine. Entrée de Serrure du 16e siècle. (Pl. de „Nancy Artiste"). In-8°. (B).

1126 **Paris.** — Le monument d'Edmond Valentin, ancien préfet de Strasbourg, au Cimetière Montparnasse. Dessin de Karl Fichot, E. Deschamps sc. Grav. sur bois extr. du „Journal illustré". In-8° obl. (B).

1127 **Paris.** — Les travaux de la statue colossale de la Liberté, exécutée par Aug. Bartholdi. Dessins de Karl Fichot, Navellier et L. Marie sc. Grav. sur bois tirée du „Journal illustré" 1883. Gr. in-fol. (A).

1128 **Saverne.** — Statue représentant le jour et le calendrier perpétuel, commandée par la ville de Saverne pour orner une fontaine, exécutée par A. Friederich et lith. par Jules Vogel. Imp. lith. de H. Müller jeune à Strasbourg. (Pl. destinée aux membres de la société des Artistes alsaciens pour l'année 1841). Sur Chine. Gr. in-4°. (A).

1129 **Strasbourg. — Blessig.** — Monument érigé à la mémoire de J. L. Blessig, dans l'église du Temple neuf de Strasbourg, l'an 1819. Sculpté par Omacht, gravé par C. Guérin. In-4°. Pièce non montée.

1130 — **Erwin de Steinbach.** — Monument d'Erwin de Steinbach par Friederich: „Dem Erbauer des Strassburger Münsters, Erwin, geb. zu Steinbach, gest. zu Strassburg 1318." Lith. de E. Baltzer. Color. In-fol., à gr. marges. (A).

1131 — **Gutenberg.** — „Statue de Gutenberg (Modèle de Friederich) exposée au Bal de la Réunion musicale alsacienne de Strasbourg, le 6 avril 1836." Lith. In-8°, à gr. marges. (B).

1132 — — „Monument de Gutenberg, érigé à Strasbourg le 24 juin 1840." Lith. de L. Havard. Se vend chez Bernard, en face du monument. In-fol., à gr. marges. (A).

1133 — — „Statue de Gutenberg, inventeur de l'imprimerie. Exécutée par Mr David d'Angers, coulée en bronze dans les ateliers de MM. Soyer et Ingé à Paris, et érigée à Strasbourg le 24 juin 1840." Dessiné par Gsell, lithogr. par J. Ph. Kehr à Paris sous la direction de Mr David, lith. de E. Simon. Gr. in-fol., av. marges. (A).

1134 — — Id. Inaugurée à Strasbourg, le 24 juin 1840. Fonderie typogr. de Laurent et de Berny, à Paris. Sur Chine. In-8°, à gr. marges. (B).

1135 — — Id. „Gutenberg, von David (aus Angers) in Strasburg". Lithogr. In-16. (B).

1136 — **Kléber.** — „Statue de Kléber, né à Strasbourg le 6 mars 1753, mort au Caire le 18 juin 1800". Executée par Ph. Grass, lith. par Ch. Aug. Schuler, lith. de Simon fils. Sur Chine. Gr. in-fol., av. marges. (A).

1137 — **Louis Ier de Bavière.** — „Das Denkmal des Königs Ludwig I. von Bayern auf dem Broglieplatz. P. Béguin, Lith. von E. Hubert. Pet. in-4°, à gr. marges. (B).

1138 — **Maurice de Saxe.** — Mausolée du Maréchal de Saxe, érigé en 1776 au Temple de St.-Thomas à Strasbourg. Dessiné et gravé à l'eau-forte par C. N. Cochin fils, terminé par N. Dupuis. Très gr. in-4°, rogné. (A).

1139 — — „Mausolée du Maréchal de Saxe, Strasbourg". Lemaître sc., Atelr de grav. sur acier d'E. Simon. Sur Chine. In-16, à gr. marges. (B).

1140 — — Id. Réduit au daguerréotype par C. Schnéegans, calqué et gravé par C. Schuler. In-8°, à gr. marges. (B).

1141 — **Fr. Dan. Reisseissen.** — „Monument du docteur Reisseissen, érigé par ses amis, au Temple de St.-Thomas. Lith. d'après nature par J. Oberst, lith. de Simon P. et F. In-fol., av. marges. (A).

1142 **Strasbourg.** — Projet esquisse du monument à ériger à Strasbourg, Colmar et Mulhouse, en mémoire du 2me anniversaire séculaire de la réunion de l'Alsace à la France, 24 Octobre 1848, par G. Klotz, A. Weyer et F. Fries, architectes, lith. E. Simon. Gr. in-8°. (B).

K. Oeuvres d'artistes.

nés ou ayant séjourné en Alsace ou en Lorraine.

Abréviations:

A: Andresen. — B: Bartsch. — J: Jombert. — L: Le Blanc. — M: Meaume. P: Passavant. — RD: Robert Dumesnil.

1. Artistes alsaciens du XVe au XVIIe siècle.

Anonymes.

1143 Adolescentia Jacobi Wimphelingii Argent. Knoblauch, 1505. Reprod. facsimile de deux grav. sur bois. Pet. in-4°. (B).

Baldung, Hans dit Grun. (vers 1470—1552).

1144 **B. 5.** — La Denscente de croix. Monogr. Gr. in-8°. (B).

1145 **— 33.** — La Conversion de saint Paul. Monogr. In-fol. (B).

1146 **— 43.** — Le corps mort de Jésus Christ transporté au ciel par les anges. Monogr. Gr. in-8°. (B).

1147 **— 57.** — Groupe de sept chevaux dans un bois. Jo. Baldung fecit 1534. In-fol. obl. (B).

Bry, Th. de. (1528—1598).

1148 Randeinfassung aus dem Stammbuch mit dem stürzenden Mann und den drei Göttinnen. (De la collection Meixmoron). In-8°. à toutes marges. (B).

1149 Une dame somptueusement vêtue, tenant un éventail et une fleur, dans un riche encadrement orné de fleurs et d'animaux. In-8°. (B).

1150 Ecu sans armes dans un encadrement orné de sphinx, satyres, etc. In-16. (B).

Delaune, Etienne, dit Stephanus. (1518—1595).

1151 **RD. 3, 4, 5, 6, 8, 9, 10, 12.** — Huit estampes sur une suite de douze: Sujets bibliques divers. In-24 ovale. (B, carte chamois).

1152 **— 24 à 56, 58 et 59.** — Histoire de la Genèse. Suite de 35 estampes (sur 36). Les 24 premières à toutes marges. — Ier, IIe et aut. états. In-16 obl. (B).

1153 **— 133—138.** Histoire d'Apollon et de Diane. Suite de six estampes. 1er état. In-16 obl. (B, carte chamois).

1154 **RD. 205—214, 216—221.** — Emblèmes moraux. Seize pièces sur une suite de vingt. (Le No 218 porte la mention suivante: Stephanus pater aet. 61, foelicite sculpsit Jhoani filio inve.) In-16 obl. (B).

1155 — **225—236.** — Les douze mois de l'année. Suite de douze estampes, ayant des bordures chargées d'ornements qui se rapportent au sujet. IIe état. Gr. in-8° obl. (B).

1156 — **281—292.** — Combats et triomphes. Suite de douze estampes en forme de frises, à fond noir. Ier état. Gr. in-8° obl. (B). (Très rare et recherché).

1157 — **340—345.** — Grotesques à fond blanc. Quelques-unes des sciences, figurées par des femmes occupant le centre des compositions avec les attributs qui les concernent. 6 estampes in-24. (B).

1158 — **410—415.** — Quelques-unes des sciences, figurées par des femmes. Suite de six estampes in-24. (B).

1159 — **416—421.** — Différentes divinités du paganisme. Suite de six estampes bordées. In-24. (B).

1160 — **428—433.** — Différents sujets de l'Ancien Testament. Suite de six estampes. In-24 obl. (B).

Greuter, Mathias. (1564—1638).

1161 Cenotaphium J. Sturmio, lithographié d'après une vieille gravure par L. A. Perrin. (Devait servir de frontispice à l'ouvrage de Strobel, sur le gymnase, mais ne parut pas à temps). Lith. d'E. Simon. In-8°, non monté.

Schöngauer, Martin, dit Schön. (1450—1488).

1162 **B. 4.** — La Nativité. In-fol. (B).

1163 **B. 18.** — La Sépulture. In-8°. (B).

Stimmer, Tobias. (1539—1582).

1164 **A. 135.** — Marque de Sigismund Feierabend. Grav. sur bois, in-12. (B).

2. Artistes alsaciens des XVIIIe et XIXe siècles.

Anonymes.

1165 Vue prise près de **Haslach** (1857). Dessin à la mine de plomb. Gr. in-8° obl. (B).

1166 Cour intérieure du château du **Haut-Koenigsbourg.** Dessin au crayon. In-8°. (B).

1167 **Muhlenbach.** (1857). Dessin au crayon. Gr. in-8° obl.

1168 Le château de **Spesbourg,** vue prise du château de Landsberg. Dessin au crayon. In-8° obl. (B).

Baumann, Charles.

1169 14 planches lithographiées en couleurs: Camellias divers. Lith. de Engelmann et de G. Brückert à Guebwiller.

Cellarius, D.

1170 Ruines, vues intérieures. Lith. In-fol., à gr. marges.

1171 Chaumière au bord d'un ruisseau. Lith. color. Pet. in-fol. oblong, à gr. marges.

Chuquet, Alphonse.

1172 Les Buveurs. — La veille à la lampe. Deux lithogr. coloriées. Impr. E. Simon. Gr. in-8° obl. (B).

1173 Deux dessins en reprod. photogr. In-8°. (B).

1174 Forêt de la Robertsau. Aquarelle. In-fol. obl. (B).

Collignon (de Metz).

1175 Intérieur du **château d'Andlau.** Aquarelle. Pet. in-fol. obl. (B).

Eck, Nicolas.

1176 Adalrickus. Nach den Geschlechts-Tabellen von Herrgott, Ecard, Huber, Schoepflin, Grandidier, erfunden und bildlich dargestellt von Nicolaus Eck, Alterthumsfreund. Lith. E. Simon à Strasbg. 1 pl. lith., très gr. in-fol., fond teinté, sur toile. (O).

Ganier, Henry.

1177 Quatre gravures sur bois diverses, reproductions lith., dont deux avec vers de Mr Jules Froelich. In-fol. (B).

1178 „E bissel gauche". Double de l'une des planches précédentes. Av. dédicace signée de J. Froelich à Mr Louis Mohr. In-fol. obl. Pièce non montée.

Guérin, Christophe. (1758—1831).

1179 La Nativité. D'après le tableau du Musée de Strasbourg. Joseph Ribera pinx., C. Guérin del., lith. de F. G. Levrault. Sur Chine. In-4°. (B).

Guérin, Gabriel. (1790—1846).

1180 „Le prince de Condé arrivant chez Mlle de Montpensier après sa défaite à la porte St-Antoine". Dessiné par G. Guérin d'après son tableau à l'huile, lithogr. de Simon fils. In-fol. (B).

Guillaume, le colonel L. (de Carpentras).

1181 Vue du **château d'Arnbourg,** près Niedersteinbach (de Wissembourg à Bitche). Dessin à la mine de plomb. Pet. in-fol. (B).

1182 **Châtenois,** près Schlestadt. Dessin au crayon. In-fol. obl. (B).

1183 Les **trois châteaux d'Eguisheim.** Dessin au crayon. In-fol. obl. (B).

1184 Le **Falkenstein** près Niederbronn. Les échelles. Dessin au crayon. In-fol. (B).

1185 Escalier taillé dans le roc au **Falkenstein,** près Niederbronn. Dessin au crayon. Pet. in-fol. (B).

1186 Les grandes salles taillées dans le roc, au **Falkenstein,** près Niederbronn. Dessin au crayon. In-fol. obl. (B).

1187 Château de **Fleckenstein,** près Nothwiller, au nord de Niederbronn; vue prise d'en haut. Dessin au crayon. Pet. in-fol. obl. (B).

1188 Vue extérieure du château de **Frankenbourg.** Dessin au crayon. Pet. in-fol. obl. (B).

1189 Vue intérieure du château de **Frankenbourg.** Dessin au crayon. Pet. in-fol. (B).

1190 Le château de **Greifenstein** près Saverne; vue prise du chemin d'en bas. Dessin au crayon. Pet. in-fol. obl. (B).

1191 Le château de **Greifenstein** près Saverne; vue prise d'en haut. Dessin au crayon. Pet. in-fol. obl. (B).

1192 Château du **Haut-Barr** près Saverne. Dessin au crayon. Pet. in-fol. obl. (B).

1193 Entrée du château du **Haut-Barr**, près Saverne. Dessin au crayon. Pet. in-fol. (B).

1194 Intérieur du **château de Kinzheim**, près Schlestadt. Aquarelle. In-fol. (B).

1195 **Lützelbourg et Rathsamhausen**, au-dessus d'Ottrott. Dessin au crayon. In-fol. obl. (B).

1196 **Château de Lützelhardt**, près Ober-Steinbach (route de Wissembourg à Bitche). Dessin au crayon. Pet. in-fol. obl. (B).

1197 **Niederbronn**. La piscine. Dessin au crayon. Pet. in-fol. obl. (B).

1198 Tours et fossés anciens à **Obernai**. (1867). Dessin au crayon. Pet. in-fol. obl. (B).

1199 Le vieux puits à **Obernai**. Dessin au crayon. Pet. in-fol. (B).

1200 Eglise d'**Obersteigen**, près Wangenbourg. Dessin au crayon. Pet. in-fol. obl. (B).

1201 Pont sur le Giessen, près de Châtenois, et châteaux d'**Ortenberg et de Ramstein**. Dessin au crayon. Pet. in-fol. obl. (B).

1202 **La Petite Pierre** (Lützelstein). Dessin au crayon. Pet. in-fol. obl. (B).

1203 La **Grotte de Saint-Vit**, près Saverne. Dessin au crayon. Pet. in-fol. obl. (B).

1204 Le **Saut du prince Charles**, près Saverne. Dessin au crayon. Pet. in-fol. obl. (B).

1205 **Strasbourg**. Les Ponts couverts en 1867. Dessin au crayon. Pet. in-fol. obl. (B).

1206 Château de **Wasenstein**, entre Wissembourg et Bitche. Dessin au crayon. Pet. in-fol. obl. (B).

1207 Château du **Wegelbourg**, près de Nothweiler, entre Wissembourg et Bitche. Dessin au crayon. Pet. in-fol. (B).

1208 L'abbaye de **Wissembourg**. Dessin au crayon et à l'encre de Chine. Pet. in-fol. (B).

Hochstuhl, Charles.

1209 Le Steinkoepfel ou petit Brézouard. Dessin à la plume. (1886). In-4°. (B).

Jundt, Gustave.

1210 Retour de la Fête. J o l i e t sc. Grav. sur bois. Gr. in-8° obl., à très gr. marges.

Kauffmann, P. (Dessinateur à l'„Illustration").

1211 **Cascade du Bockloch**, vallée de St. Amarin. Dessin à l'encre de Chine. In-fol. (B).

1212 Ruines de l'**Engelburg**, au-dessus de Thann. Dessin à l'encre de Chine. In-fol. obl. (B).

1213 **Gérardmer** et le lac. Dessin à l'encre de Chine. In-fol. obl. (B).

1214 **Lac de Blanchemer**. Dessin à l'encre de Chine. In-fol. obl. (B).

1215 **Lac de Retournemer**. Dessin à l'encre de Chine. In-fol. obl. (B).

1216 Le **Lac Blanc**. Dessin à l'encre de Chine. In-fol. obl. (B).

1217 Le **Lac Noir**. Dessin à l'encre de Chine. In-fol. obl. (B).

1218 Château de **Landskron**, côté de France. Dessin à l'encre de Chine. In-fol. obl. (B).

1219 Château de **Landskron**, côté de Suisse. Dessin à l'encre de Chine. In-fol. obl. (B).

1220 Eglise de **Marienthal**. Dessin à l'encre de Chine. In-fol. obl. (B).

1221 Le tunnel de la route de **la Schlucht**. Dessin à l'encre de Chine. In-fol. obl. (B).

1222 Château de **Wildenstein**, vallée de St. Amarin. Dessin à l'encre de Chine. In-fol. obl. (B).

Lindemann-Frommel, Karl.

1223 „Rome. Vue prise du palais des Césars." Karl Lindemann-Frommel fec. Rom 1847. La société des amis des arts de Strasbourg à ses membres pour 1847. Très gr. in-fol., sur Chine, à gr. marges. (O).

Meyer, G. F.

1224 Les Vendangeurs. Croquis de Meyer, lithographié par Perrin, Prof. de lithogr. à l'Ecole Industr. municip. de Strasbourg. Lith. Muller. In-4° (B).

Schuler, Charles-Auguste.

1225 Quatre planches du recueil „Zwölf Stahlstiche zum Elsässischen Sagenbuch von Aug. Stoeber": „Rudolf u. Mathilde — Die 3 Spinnerinnen — Der Abt von Neuenburg — Die vornehmen Rösslein". Gr. in-8° obl., av. marges. (B).

Schuler, Charles-Louis.

1226 „Fides salvam fecit". Carlo Dolce pinx., Ch. L. Schuler sculp. Lithogr., av. encadr. Gr. in-4°, av. marges. (A).

Schuler, Théophile.

1227 Trois dévidoirs. Dessins à la plume sur papier teinté. Monogr. Pet. in-fol. obl.

1228 Tissage à domicile. Croquis à la mine de plomb. Monogr. in-4°.

1229 Lampes romaines. Deux dessins à la mine de plomb. Monogr. Pet. in-fol. obl.

1230 Comte Rodolphe de Habsbourg. J. Th. Schuler pinxit, Paris. Lith. par Alph. Chuquet 1850. Lith. E. Simon. Pet. in-fol. obl., fond teinté, à très gr. marges.

1231 Femme étendue sur un grabat, au pied un homme au désespoir entouré de 5 enfants. Strasbourg, lith. E. Simon. Gr. in-8° obl. (B).

1232 — Même planche, non montée.

Schützenberger, Louis.

1233 „Hallali de chevreuil." L. Schützenberger. Eau-forte. Pet. in-fol., av. marges.

Sériziat, Dr. E.

1234 Ferme Champy, au **Champ du feu**. Dessin à l'encre de Chine. Pet. in-fol. obl. (B).

1235 Le chalet Marchal au **Hohwald**. Dessin à l'encre de Chine. Pet. in-fol. obl. (B).

1236 Eglise de **Niederhaslach** près de Mutzig. Dessin à l'encre de Chine. Pet. in-fol. obl. (B).

1237 Au **Wangenbourg.** Dessin à l'encre de Chine. Pet. in-fol. obl. (B).

1238 Hôtel Weyer au **Wangenbourg.** Dessin à l'encre de Chine. Pet. in-fol. obl. (B).

1239 **Wangenbourg.** Le Kiosque aux rothen Felsen. Dessin à l'encre de Chine. Pet. in-fol. obl. (B).

1240 Château de **Wasenbourg,** près de Niederbronn. Dessin à l'encre de Chine. Pet. in-fol. obl. (B).

1241 Le **vieux Windstein,** au Jaegerthal, près Niederbronn. Dessin à l'encre de Chine. Pet. in-fol. (B).

1242 Le **nouveau Windstein,** au Jaegerthal, près Niederbronn. Dessin à l'encre de Chine. Pet. in-fol. (B).

1243 Château de **Wineck,** près Niederbronn. Dessin à l'encre de Chine. Pet. in-fol. obl. (B).

Siegfried, Th.

1244 Sujets de chasse d'après les gravures de J. El. Ridinger 1720—1750. Huit planches lith. par Th. A. Siegfried, deux planches lith. par J. H. Heinemann, une planche sans nom d'auteur. En tout 11 pl., gr. in-4° et in-fol., dont 4 à gr. marges et les autres rognées. (A).

Strintz (de Haguenau).

1245 „Les petits orphelins". Dessiné par Mr. Strintz, d'après un tableau à l'huile par le même. La Soc. des amis des Arts à ses membres, 1835. Lith. de Simon fils. In-fol., à pet. marges.

Touchemolin, Alfred.

1246 Vue générale de **Barr.** Dessin à la mine de plomb et à l'encre de Chine. Pet. in-fol. obl. (B).

1247 L'église de **Dabo** avant l'incendie. Dessin à l'encre de Chine et au crayon. Pet. in-fol. obl. (B).

1248 Le **grand Geroldseck,** près Saverne. Dessin à l'encre de Chine et au crayon. Pet. in-fol. (B).

1249 Vue du château de **Girbaden.** Dessin à l'encre de Chine et au crayon. Monogr. Pet. in-fol. obl. (B).

1250 Intérieur du château de **Girbaden.** Effet de neige, 25 Décembre 1867. Dessin à l'encre de Chine et au crayon. Monogr. Pet. in-fol. obl. (B).

1251 Château du **Haut-Barr,** près Saverne. Dessin à l'encre de Chine et au crayon. Monogr. Pet. in-fol. obl. (B).

1252 La cascade du **Hohwald.** Dessin à l'encre de Chine et au crayon. Pet. in-fol. obl. (B).

1253 L'église protestante au **Hohwald.** Dessin à l'encre de Chine et au crayon. Pet. in-fol. obl. (B).

1254 Le village de **Kintzheim** et le château. Dessin à l'encre de Chine et au crayon. Pet. in-fol. obl. (B).

1255 Le **château de Lützelbourg** près Phalsbourg. Dessin à l'encre de Chine et au crayon. Pet. in-fol. obl. (B).

1256 Le château d'**Ochsenstein,** près Reinardsmünster (Marmoutiers). Dessin à l'encre de Chine et au crayon. Pet. in-fol. obl. (B).

1257 Le **Schneeberg** près Wangenbourg. Dessin à l'encre de Chine et au crayon. Pet. in-fol. obl. (B).

1258 Roches druidiques au **Schneeberg** près Wangenbourg. Dessin à l'encre de Chine et au crayon. Pet. in-fol. obl. (B).

1259 **Siége de Strasbourg.** — Trois dessins inédits pour un ouvrage qui n'a jamais paru. Introuvables aujourd'hui. Lith. Münch, fond teinté. „Au Quai Kléber", in-8°. — „Au faubourg Kageneck", in-fol. obl. — „Près du Contades (Hetzelmühle campagne Schnéegans)", in-fol. obl.

1260 Vue générale du **Wangenbourg.** Dessin à l'encre de Chine et au crayon. Pet. in-fol. obl. (B).

1261 Vue générale de **Wasselonne** avec la gare. Dessin à l'encre de Chine et au crayon. Pet. in-fol. obl. (B).

1262 Coppélius. Dessin au crayon. Monogr. In-12. (B).

Wencker, Joseph.

1263 Un fou avec sa marotte. „Au Cercle vicieux". Rome 1877. Eau-forte in-16, à très grandes marges. (B).

Zix, Benjamin.

1264 Onze photographies d'après des dessins de Zix, pour la plupart combats et scènes militaires, dont trois pet. in-fol., les 8 autres pet. in-fol. obl. (B).

3. Artistes lorrains.

Beatrizet, N.

1265 **RD. 90.** — Statue équestre de Marc Aurèle. Belle épreuve d'essai, avec le piédestal en blanc. In-fol. (B).

Callot, Jacques.

1266 **M. 12 à 18.** — La Passion de Notre Seigneur. Suite de sept estampes, dite la Grande Passion. La première en IIe état, les autres en Ir état. In-8° obl. (B).

1267 — **12 à 18.** — Les mêmes. 1re suite de copies. IIIe état, (voy. M. p. 38, 418 et 610). In-8° obl. (Assez mauvais état).

1268 — **32 à 36.** — Les Mystères de la Passion de Notre Seigneur (treize compositions, six en ovale de 35 à 36 mm de haut sur 26 à 28 mm de large, et sept en rond de 30 à 31 mm de diamètre); et la Vie de la Vierge (sept compositions ovales de 46 à 48 mm de haut sur 35 à 36 mm de large). Suite de cinq estampes, IIe état. (B).

1269 — **90.** — Frontispice: Glorios. Virg. Elogium. IIme état. In-16. — **M. 91.** — Judith. Ier état. In-16. (B).

1270 — **92.** — L'Adoration des mages. Ier état. In-16. — **M. 93.** — Les hommages du petit Saint-Jean. Ier état. In-16. (B).

1271 — **96.** — L'Assomption. Ier état. In-16. (B).

1272 — **98.** — Saint-Livier. IIme état. In-16, av. marges. (B).

1273 — **102.** — Saint-Jean dans l'île de Pathmos. IIme état. In-12 obl., avec marges. (Rare). — Copie, en contre-partie, de la même pièce. (**M. p. 617**). (B).

1274 — **104 à 119.** — „Salvatoris beatae Mariae virginis sanctorum apostolorum icones etc. 1631". Le Sauveur, la Sainte Vierge, les douze Apôtres et Saint Paul, l'apôtre des nations, en pied. Suite de seize estampes de Ier et IIme état, y compris le titre. In-12. (B). (Copies?).

1275 — **140.** — Saint-Nicolas ou Saint-Séverin. IIe état. In-fol. obl. (B).

1276 **M. 141.** — Le miracle de saint-Mansuy. VIIIe état. In-fol. obl. (B).

1277 — **155.** — Les Martyrs du Japon. Ier état. In-8°. (B).

1278 — **181.** — L'Apparition de Notre-Seigneur. (Suite des Tableaux de Rome, No. 14). IIme état. In-12, à gr. marges. (B).

1279 — **506.** — De Lorme (Dieudonné Charles), médecin. Portrait symbolique de ce personnage. IIe état. In-8°. Rare (B.)

1280 — **511.** — „Rupellae obsidio regnante Ludovico XIIIo regnum administrante Richeleo. — Le Siége de la Rochelle sous le règne de Louis XIII et sous le ministère du Cardinal de Richelieu. 6 feuilles très gr. in-fol. av. titre séparé. (Superbe exempl.)

1281 — **522.** — Siège du fort de Saint-Martin dans l'île de Ré. 6 feuilles très gr. in-fol., plus 1 feuille av. la légende. (Superbe exemplaire).

1282 — **538.** — Ferdinand Ier de Médicis fait rétablir les digues de Pise, ou plutôt fait établir les conduites d'eau. (Principaux faits de Ferdinand Ir de Medicis, No. 5). Sans marges. Pet. in-fol. obl. (B).

1283 — **597.** — Catafalque de l'empereur Mathias. IIIe état. Petit in-fol. (B).

1284 — **665.** — Les supplices. IIe état. Gr. in-8° obl. (B).

Feyen, Eug.

1285 Après la pêche. Grav. sur bois tirée de la „Revue alsacienne". In-12. (B).

Gelée, Claude, dit le Lorrain.

1286 **RD. 7.** — Le Naufrage. IIe état. In-8° obl. (B).

1287 — **15.** — Le soleil couchant. IIIe état. In-8° obl. (B). Rare.

1288 — **16.** — Le départ pour les champs. IIe état. In-8° obl. (B). Rare.

1289 — **17.** — Mercure et Argus, paysage. Ir état. In-8° obl. (B). Rare.

1290 — **19.** — Le Chevrier. IIe état, avant la retouche. Gr. in-8° obl. (B). Rare.

1291 — **24.** — La Danse villageoise. IIe état. Pet. in-fol. obl. (B). Rare.

Le Clerc, Séb. (1637—1714).

1292 „La partie de bain interrompue." Peint par Le Clerc, gravé par de Monchy. In-fol. obl., à pet. marges. (A).

Melin, Ch. (17e siècle).

1293 **RD. vol. II, p. 1.** — Saint-Jean l'Evangéliste. Ex-voto. Carolus Melini Lotaringia fecit Romae. Pet. in-fol. (B).

Sylvestre, Israël.

1294 Vues de Rome et de Venise, en 12 planches: Nos. 3, 4, 5, 8 et 10. In-8° obl. (B).

Valentin, H.

1295 Dessin à la mine de plomb: études, (1843). In-4°. (B).

Vernier, E.

1296 Attelage breton. Grav. sur bois découpée d'un ouvrage. In-12 obl. (B).

Woeiriot, Pierre.

1297 **RD. 205.** — Phalaris. Epreuve moderne. Gr. in-8°. (B).

1298 — **276.** — Portrait du président Bournon de Saint-Mihiel. In-12, buste à gauche, dans un cadre d'ornement ovale armorié au haut. Lég. grecque, lat. et franç. Ir état. (B).

L. Facéties. Caricatures.

1299 **Gavarni** (de Metz), par Gil Baer. In-4°, av. notice biogr. par P. B(üttner). (B).

1300 Soirée théâtrale d'une société strasbourgeoise: L'Assassin — La Gifle — Les Ecrevisses — Divorçons-nous. In-4°, 2 pages autogr. (B).

1301 **Les hautes eaux.** (31 décbr. 1882 — 1 janv. 1883). Croquis à la minute par Raphael. In-fol. (B).

1302 **O weyh, wie müssen wir für das Beschummlen schwitzen, etc.** Facsimile d'une ancienne gravure sur cuivre. In-fol. (B).

1303 **Nâûelnéji Strossburjer Héljе.** Lith. Oberthür fils et Baltzer. Nos 2, 3 et 4. (Der Munkedrissel; Festival choral de 1863; Die grausame Geschichte vom grossen Sängerfeste 1863). 3 feuilles, gr. in-fol. (A).

M. Costumes.

1. Costumes strasbourgeois.

1304 Collection de 8 costumes strasbourgeois: Orphelins, 5 pl., femme et fille bourgeoise de Strasbourg, etc.) In-8°, à toutes marges. (B).

1305 **Der Katzen Dieboldt bin ich genandt, etc.** Strassburger Hundefänger, von Gassenjungen geneckt. 1554. In-8° obl., av. 4 vers allem. manuscrits. (Très rare). (B).

1306 **Types de Strasbourg.** Le marchand de journaux. Autogr. Gr. in-8°, à toutes marges. (B).

2. Costumes alsaciens (villageois).

1307 **Costumes de div. Pays.** Paysannes alsaciennes du Kochersberg. 2 planches coloriées. Lanté del., Gatine sculp. Gr. in-8°. (B).

1308 **Musée de Costumes. France.** Pl. 93: Femme de Saverne. Pl. 94. Cost. des env. de Colmar. Pl. 95: Cost. des environs de Strasbourg. C. Maurice del., A. Portier et L. Guerdet sc. 3 planches coloriées, in-8°, à gr. marges. (B).

1309 **Elsässisches Maifest.** (Cost. d'enfants). Bois allemand. In-8° obl. (B).

3. Costumes militaires.

1310 **Lansquenet des bandes de François Ier.** Dédié à Mr Henry Ganier, par P. Buttner. Autogr. In-fol. (B).

TROISIÈME PARTIE.

Ouvrages non alsatiques.

1311 **Agricola, Georgius.** De re metallica libri XII. Basileae Helvet. 1621. 1 vol. in-fol., 538 p., plus la préface et l'index. Demi-rel. veau anc., dos orné. Av. 292 grav. sur bois. (Très recherché).

1312 **Andresen, And., u. R. Weigel.** Der deutsche Peintre-Graveur, oder die deutschen Maler als Kupferstecher, von dem letzten Drittel des 16. Jahrhunderts bis zum Schluss des 18. Jahrhunderts. Leipzig 1864—1878. 5 vol. in-8°, demi-rel. chagr., av. coins, têtes dorées, non rognés. (Ouvrage recherché).

1313 **Annuaire du Cosmos,** publ. par A. Tramblay, Années 2, 3, 5 à 8. Paris 1860 à 1866. 6 vol. in-24, demi-rel. veau.

1314 **Art (L')** de vérifier les dates des faits historiques, des chartes, des chroniques, et autres anciens monuments. Paris 1818—1829. 35 vol. in-8°, cart.

1315 **Arts-et-métiers.** 1770. 1 vol. in-fol., rel. veau, tr. dorées. Nombreuses planches. (Superbe exemplaire).

Art de faire le papier. — Cartier. — Cartonnier. — Parchemin. — Art de travailler les cuirs dorés. — Cirier. — Chandelier. — Charbonnier. — Art de tirer l'ardoise.

1316 **Barbier, A. Alex.** Dictionnaire des ouvrages anonymes. 3e édit. Paris 1872—1879. 4 vol. gr. in-8°, demi-rel. chagr., av. coins, têtes dorées, non rognés. (Superbe exempl.)

1317 **Bergeron, L. E.** Manuel du tourneur. 2e édit. revue par P. Hamelin-Bergeron. Paris 1816. 2 vol. in-4° et 1 vol. atlas, demi-rel. veau.

1318 **Bergmann, Fr. G.** Origine et signification du nom de Franc. Strasb. 1866, in-8°, 28 p., cart.

1319 **Blanc, Charles,** Grammaire des arts décoratifs. Décoration intérieure de la maison. 3e édit. Paris 1886, gr. in-8°, XL—495 p., demi-rel. amat., dos et coins mar. rouge, tête dorée, non rogné. Av. 11 pl. en couleurs et fig. dans le texte.

1320 **Boitard.** Nouveau manuel complet de l'architecte des jardins. Ouvrage accompagné d'un atlas de 120 pl. Nouv. édit. Paris, Roret, s. d. Texte in-16, rel., atlas gr. in-8° obl., broché.

1321 **(Boucher, Joan.)** De justa Heinrici Tertii abdicatione e Francorum regno, libri IV. (Pamphlet écrit dans le sens des ligueurs). Lugduni 1591. Pet. in-4°, XIV—460 p., plus l'index, cart.

1322 **Brade, L.** Illustrirtes Buchbinderbuch. 2. verm. Aufl. von J. R. Herzog. Leipzig 1868, in-8°, XII—420 p., demi-rel. perc. Av. fig.

1323 **Breymann, G. A.** Allgemeine Bau-Constructions-Lehre mit bes. Beziehung auf das Hochbauwesen. Neu bearbeitet von H. Lang. I. u. II. Theil in 4. Aufl. (1868—1870), III. Theil in 3. Aufl. (1865), IV. Theil in 1. Aufl. (1863). Mit zahlreichen Holzschnitten u. Figurentafeln. Stuttgart, in-4°, rel. en 2 vol. de texte et 2 vol. de planches, demi-perc. — A la suite: **Coulon, A. G.** Nouveau vignole des menuisiers. Av. 84 pl.

1324 **Brunet, J. C.** Manuel du libraire. 1re édit. Paris 1810. 3 vol. in-8°, demi-rel. bas.

1325 **Burat, Amédée.** Traité du gisement et de la recherche des minéraux utiles. 1re partie: Géologie pratique. 5e édition. Paris 1870, in-8°, 538 p., demi-rel., chagr. Av. fig. et 7 pl.

1326 **Calendarium** oeconomicum practicum perpetuum, oder vollständiger Haus-Calender von 1801 bis 1900. Reutlingen s. d., in-12, 112 p., cart. Av. grav. sur bois.

1327 **Callon, J.** Cours d'exploitation des mines. (Cours professés à l'école des mines de Paris). Paris 1874—1878. 3 vol. in-8°, plus 1 atlas in-4°, demi-rel. chagr., têtes rouges, non rog.

1328 **Cartes, Plans et Guides. — Un lot de 11 Nos divers:** Carte de la France, par Erhard, sur toile. — Topogr. Karte der Schweiz, von Dufour, 13 feuilles diverses sur toiles. — Plans de Baden-Baden et de Fribourg, etc. etc. (Détail sur demande!)

1329 **Chabat, Pierre.** Dictionnaire des termes employés dans la construction. Paris 1875—1876. 2 vol. gr. in-8°, demi-rel. veau, non rognés. Avec nombr. fig. dans le texte.

1330 **Champollion-Figeac, A.** Les archives départementales de France. Manuel de l'Archiviste des préfectures, des mairies et des hospices. Paris 1860, in-8°, LXXV—400 p., demi-rel. cuir.

1331 **Charavay, Etienne.** Lettres autographes composant la collection de Mr Alfred Bovet. Ouvrage imprimé sous la direction de Fernand Calmettes. Paris 1887. 2 vol. in-4°, sur papier vélin blanc (No 131), demi-rel. mar. noir, têtes dorées, non rognés. Av. nombr. reprod. (Epuisé, très rare).

1332 **Chompré.** Dictionnaire abrégé de la fable. Paris 1745, in-18, IV—288 p., rel. veau fauve. dos orné, fil. or sur les plats.

1333 **Cohen, Henry.** Guide de l'amateur de livres à vignettes du 18e siècle. 4e édit. Paris 1880, gr. in-8°, XIV—591 p., demi-rel. mar. bleu, avec coins, tête dorée, non rogné. (Epuisé et rare; superbe exempl.)

1334 **Condé.** Mémoires, ou Recueil pour servir à l'histoire de France, ... où l'on trouvera des preuves de l'histoire de Mr de Thou: augmentés d'un grand nombre de pièces curieuses qui n'ont jamais été imprimées etc. (par D. F. Secousse). La Haye 1743. 6 vol. in-4°, veau ant. marb., tr. rouges. Av. pl. et portr. grav. (Exempl. sur grand papier).

1335 **Corpus juris et systema rerum metallicarum,** oder: Neu-verfasstes Berg-Buch . . . ., von Christoph Encelius und Abrah. von Schönberg. Franckfurt a. M. / in Verlegung Joh. David Zimmers / Buchhändlers / Im Jahr Christi 1698. 1 fort vol. in-fol., rel. parch., tranches rouges.

1336 **Corpus juris metallici** . . . . Sammlung der neuesten und älterer Berggesetze. Herausg. von Thom. Wagnern. Leipzig 1791. 1 fort vol. in-fol., cart., tr rouges.

1337 **Crespin, Jean.** Histoire des martyrs persecutez et mis à mort pour la vérité de l'évangile, depuis le temps des apostres jusques à présent (1619). Edition nouvelle précédée d'une introduction par Daniel Benoit et accompagnée de notes. Toulouse 1885—89. 3 vol. in-4°, demi-rel. chagr. noir, têtes dorées, non rognés.

1338 **Curiosité littéraire et bibliographique (La).** 2e série. Paris 1881, in-12, 240 p., demi-rel. chagr. noir, tête dorée, non rogné. (Rare).

1339 **Delord, Taxile.** Histoire du second empire. Tomes 4, 5 et 6. Paris 1874—1875. 3 vol. in-8°, br.

1340 **Derôme, L.** La reliure de luxe. Le livre et l'amateur. Illustrations inédites. Paris 1888, gr. in-8°, 246—V p., demi-rel. amat., dos et coins mar. bleu, tête dorée, non rogné, av. étui. (Superbe exempl.)

1341 **Dictionnaire universel françois et latin, vulgairement appelé dictionnaire de Trévoux.** Nouv. édition. Paris 1771. 8 vol. in-fol., rel. veau, tr. rouges. (Bel exempl. de la meilleure édition de ce dictionnaire estimé).

1342 **Dufresne, Car., et Du Cange.** Glossarium ad scriptores mediae et infimae latinitatis. Editio nova locupletior et auctior, opera et studio monarchorum ordinis S. Benedicti è congregatione S. Mauri. Parisii 1733—1736. 6 vol. in-fol., rel. parch., avec les armes de Franz Phil. Chr. Jos. von Hutten sur les plats. (Rare et recherché. Av. ex-libris: „Ad bibliothecam episcop. Spirens.")

1343 — Glossarium mediae et infimae latinitatis. T. VII. (Glossaire français, publ. par G. A. L. Henschel). Paris 1850, in-4°, XXIV—564 —204 p., demi-rel. mar., av. coins, tête rouge, non rogné. Av. 11 planches. (Superbe exempl.)

1344 **Economie politique, sociale et industrielle.** — 4 brochures et volumes d'auteurs divers, tels que MM. Goldenberg, P. de Leusse, etc.

1345 **Famin, C.** Peintures, bronzes et statues érotiques du cabinet secret du musée royal de Naples. Paris 1832, in-4°, rel. peau de truie, tête dorée, non rogné.

1346 **Ferriere, Claude de.** Traité des fiefs suivant les coutumes de France, et l'usage des Provinces de Droit écrit. Paris 1680, in-4°, 644 p., rel. veau ant. fat.

1347 **Figuier, L.** L'année scientifique et industrielle. 1re, 8e à 18e année. 12 vol. demi-rel. veau. — Id., 19e à 26e année, plus Tables des 20 premiers volumes. 9 vol. brochés. — Paris 1857—1883. 21 vol. in-18.

1348 — Double de la 10e année. Paris 1866, in-18, br.

1349 — Les Merveilles de l'Industrie. Paris, s. d. 4 vol. tr. gr. in-8°, demi-rel. chagr. Av. nombr. fig.

1350 **Génin, F.** Des variations du langage français depuis le XIIe siècle. Paris 1845, in-8°, XL—553 p., demi-rel. veau bleu.

1351 **Goltz, Hub.,** icones imperator. romanor. Av. 160 pl. Antv. (Plantin) 1645, in-fol., rel. parch., tr. bleues.

1352 **Goupil, F.** Traité général des peintures à l'eau, ou lavis à l'encre de Chine, à la Gouache, etc. Paris s. d., in-8°, 48 p., br.

1353 **Inventaire général des richesses d'art de la France.**

Paris.—Monuments civils. T. I. II et III, fasc. 1.
Paris.—Monuments religieux. T. I, II et III, fasc. 1 et 2.
Province.—Monuments civils, T. I., II., fasc. 1 et 2, III, V et VI.
Province.—Monuments religieux. T. I.
Archives du Musée des Monuments français. Parties I, II et III, fasc. 1 et 2.
Paris 1876—1895, tr. gr. in-8°, en livraisons.

1354 **Irvinus, Alexander.** De jure regni Diascepsis. Lugd. Bat. ex officina Elzeviriana, anno 1627. In-32, 244 p., rel. parch.

1355 **Korrespondenzblatt** der Westdeutschen Zeitschrift für die Geschichte und Kunst. Redigirt von Prof. F. Hettner und Dr. K. Lamprecht. Jahrgang IX—XVI. Trier 1890—1897, en numéros. (Suppl. au „Bulletin de la Soc. des Mon. hist. en Alsace").

1356 **Kunsthandwerk (Das).** Herausg. v. Br. Bucher u. A. Gnauth. Jahrg. I—III. Stuttg. 1874—1876. 3 vol. in-fol., rel. toile orig.

1357 **Laboulaye, C.** Dictionnaire des Arts et Manufactures, de l'Agriculture, des Mines, etc. 2e édit. Paris 1853—54. 2 tomes rel. en 4 vol. — Complément de 1861 en 1 vol. — Demi-rel. veau.

1358 **Lachmann, Dr Alex.** Neueste illustrirte Münz-, Maas- und Gewichtskunde. I Theil: Atlas, II Theil: Handelsgeographie. Leipzig 1867. 2 vol. in-8°, demi-rel. chagr.

1359 **Lang, H.** Das chemische Laboratorium an der Universität in Heidelberg. Carlsruhe 1858, in-fol., 8 p. de texte et 5 pl., sous couverture.

1360 **Leber, C.** Essai sur l'appréciation de la fortune privée au moyen-âge, relativement aux variations des valeurs monétaires etc. 2e édit. rev. et augm. Paris 1847, in-8°, VII—340 p., demi-rel. perc. (Taches de rousseur).

1361 **Le Blanc, Ch.** Manuel de l'amateur d'estampes. Ouvrage destiné à faire suite au „Manuel du libraire et de l'amateur de livres, par J. Ch. Brunet". Paris 1854—1889. 4 vol. in-8°, demi-rel. mar. bleu, têtes dorées, non rognés. Bel exemplaire. (Ouvrage très recherché et rare.

1362 **Leblois, L.** Les Bibles et les initiateurs généreux de l'humanité. Strasbourg 1883—1888. 4 vol. en 7 parties gr. in-8°, demi-rel. chagr. noir, têtes dorées, non rognés. Avec fig. dans le texte et planches hors texte.

1363 — La voie du bonheur suivant Jésus. Paris 1881, in-8°, 16 p., br.

1364 — La morale, son origine, ses rapports avec la religion. Paris 1880, in-8°, 30 p., cart.

1365 — Ignace de Loyola et ses exercices spirituels. (Exrait) Paris 1883, in-8°, 16 p., br.

1366 **Lebrun.** Nouveau manuel complet du Cartonnier, du cartier et du fabricant de cartonnages. Paris 1845, in-24, demi-rel. perc. Av. 4 pl.

1367 **Le Pois, Ant.** Discours sur les médailles et graveures antiques. Av. le Priape et les gravures de P. Woeiriot. Paris 1579, gr. in-8°, 147 p., plus préface et table, rel. veau ant. (Bel exemplaire, très rare).

1368 **Limesblatt.** Mitteilungen der Streckenkommissare bei der Reichslimeskommission. Nos 3—19, 21—25. Trier, März 1893—Dezember 1897. In-8°.

1369 **Lorck, Carl B.** Die Herstellung von Druckwerken. Praktische Winke für Autoren und Buchhändler. 3. Aufl. Leipzig 1879, in-8°, VIII—174 p., pap. de Hollande, cart. toile orig., tr. rouges.

1370 **Lützow, Dr C. von, et Ludwig Tischler.** Architecture moderne de Vienne. Série A: Architecture privée. 2 vol. av. 192 planches gravées sous la direction de Ed. Obermayer. Av. notes descriptives. Vienne s. d. 2 vol. in-fol., demi-rel. chagr., dos orn., têtes rouges, non rognés, av. étuis. (Bel exemplaire).

1371 **Mabillon, Johannis.** De re diplomatica libri VI. Avec supplément. Luteciae Parisiorum 1681—1704. En 1 vol. in-fol., demi-rel. veau ant. Av. planches. (Par ci et par là, quelques taches de rousseur, autrement bel exemplaire).

1372 **Marius, Michel.** La reliure française commerciale et industrielle, depuis l'invention de l'imprimerie jusqu'à nos jours. Paris 1881, in-4°, VII—137 p., demi-rel. chagr., tête rouge, non rogné, av. étui. (Ouvrage recherché).

1373 **Morel, Aquaroni, Parboni, etc.** Raccolta di No 50 vedute antiche e moderne della città di Roma e sue vicinanze. Roma 1867, in-fol. obl., 50 planches gravées, br.

1374 **Moréri, Louis.** Le grand dictionnaire historique ou le mélange curieux de l'histoire sacrée et profane. (Le 5e vol. est de 1732, les autres portent: nouv. édit. 1740—45, mais ce n'est qu'un nouveau titre). Basle 1740 à 1745. 9 vol. in-fol., cart., tr. rouges. Av. frontisp. gravé.

1375 **Muller, Emile.** Habitations ouvrières et agricoles. 1 vol. de texte. Paris 1855—56, gr. in-8°, br., et 1 atlas, Paris 1860, in-fol., dans un carton. (La plupart des planches est relative aux habitations ouvrières du Haut-Rhin).

1376 **Müntz, Eug.** Les précurseurs de la Renaissance. Paris 1882, in-4°, VII—255 p., demi-rel. mar. rouge, av. coins, tête dorée, non rogné, dans un étui. Avec 66 grav. dans le texte et 14 planches.

1377 **Nefftzer, A.** Oeuvres. Paris 1886, in-8°, XI—428 p., demi-rel. mar. vert, tête dorée, non rogné. Av. portr. à l'eau-forte.

1378 **Overbeck, J.** Pompeji in seinen Gebäuden, Alterthümern und Kunstwerken. 3. Aufl., mit 27 grösseren, z. Theil farb. Ansichten u. 315 Holzschnitten im Texte, sowie einem grossen Plane. Leipzig 1875, gr. in-8°, demi-rel. mar. rouge.

1379 **Pardessus, J. M.** Loi salique ou recueil contenant les anciennes rédactions de cette loi et le texte connu sous le nom de lex emendata, avec des notes et des dissertations. Paris 1843, in-4°, LXXX—739 p., demi-rel. veau.

1380 **Pédagogie.** — 5 brochures et volumes d'auteurs divers, tels que MM. Delcasso, Dollfus-Ausset, Ch. Schützenberger, etc.

1381 **Photographies,** format carte visite, de tableaux de Musées hollandais et italiens. 4 albums à photogr., in-12. — En plus, quelques photographies de plus grands formats.

1382 **Piles, de.** Historie und Leben der berühmtesten Europaeischen Mahler, u. s. w. Hamburg 1710, in-24, 756 p., plus préf. et table, cart. anc. Av. frontispice gravé.

1383 **Poiré, Paul.** La France industrielle. Paris 1873, gr. in-8°, XI—761 p., demi-rel. chagr. Orné de 432 grav.

1384 **Pontas, J.** Dictionarium casuum conscientiae, seu praecipuarum difficultatum circa moralem, ac disciplinam ecclesiasticam decisiones, etc. Luxemburgi 1731—1732. 3 vol. in-fol., rel. veau fauve. Av. front. gravé.

1385 **Quatremere de Quincy.** Histoire de la vie et des ouvrages de Raphaël, ornée d'un portrait. Paris 1824, in-8°, XVI—477 p., demi-rel. bas., tr. jaunes.

1386 **Ragueau, François.** Glossaire du droit français . . . Nouvelle édit., publ. par L. Favre. Niort 1882, in-4°, LII—515 et 30 p., demi-rel. chagr. brun, non rogné.

1387 **Reuss, Ed.** Le cantique des cantiques, dit de Salomon. Recueil de poésies érotiques traduites de l'hébreu, avec introduction et commentaire. Paris 1879, in-8°, 122 p., br.

1388 **Revue (La Nouvelle).** Années 1 à 16. Paris 1879—1894, en livr.

1389 **Richelet, Pierre.** Dictionnaire de la langue françoise. Nouv. édit. corrigée et augmentée. Paris 1740. 3 vol. in-fol., rel. veau anc., dos orn.

1390 **Ris-Paquot.** Guide pratique du restaurateur de tableaux, gravures, dessins etc., reliures et livres. Paris 1890, in-8°, 260 p., demi-rel. chagr., tête dorée. Av. planches, figures et monogrammes.

1391 **Rohan, Duc de.** Mémoires sur les choses advenues en France, depuis la mort de Henry le Grand, jusques à la paix faite avec les Réformez au mois de Juin 1629. — Suivis des Discours politiques du même. 2e édit. S. l. 1646, in-24, VIII—496—135 p., rel. parch. ant. (Rare).

1392 **Rossberg, Dr Konrad.** Deutsche Lehnwörter in alphabetischer Anordnung. Hagen u. Leipzig 1881, in-8°, XI—120 p., cart.

1393 **Scheller, J. J. G.** Latein.-deutsches und deutsch-lateinisches Hand-lexicon. Durchgesehen, verbessert u. vermehrt durch G. H. Lünemann. 5. Aufl. Leipzig 1822. 3 vol. gr. in-8°, demi-rel. bas.

1394 **Schilter, Joh.** Thesaurus antiquitatum teutonicarum etc. Tom. I: Sacra continet Monumenta. — Tom. II: Cicilia. — Tom. III: Glossarium teutonicum. Ed. Joan. Christ. Simonis, Joh. Georg Scherz et Joan. Frick. Ulmae 1728. 3 vol. in-fol., rel. parch., tr. rouges. Av. gravures sur cuivre. (Très recherché).

1395 **Sciences naturelles.** (Minéralogie Géologie, Métallurgie). — **Un lot de 21 Nos** d'auteurs divers tels que Beudant, Boubée, Emerich, Huot, Lambert, Pisani, Tyndall, et autres.
(Demander le catalogue en fiches très détaillé).

1396 **Sciences physiques et chimiques,** y compris Teinture, Brasserie et Eclairage. — **Un lot de 49 Nos** d'auteurs français, allemands et anglais, tels que Berthollet, Bolley, Crace-Calvert, Dulk, Gerhardt, Hugueny, Kaeppelin, Lassaigne, Otto, Parnell, Reimann, et autres.
(Demander le catalogue en fiches très détaillé).

1397 **Stieler, Adolf.** Hand-Atlas. Vollständ. Ausg. in 84 Karten. 1870. Gotha Justus Perthes. In-fol. obl., cart. toile orig.

1398 **Theocriti, Moschi, et Bionis** idyllia omnia. Texte grec et traduction lat. Parmae 1792, in-8°, 176—191 p., rel. veau anc., tr. dorées.

1399 **Tour du monde,** publ. par Ed. Charton. Numéros isolés des années 1861 à 1884, mais formant ensemble plusieurs descriptions de voyages complètes. Paris, in-4°.

1400 **Traité (Nouveau) de diplomatique,** par deux religieux bénédictins. (D. Ch. Fr. Toustain et D. Tassin). Paris 1750—1765. 6 tomes in-4°, en 7 vol. rel. veau anc. (Ouvrage fort estimé).

1401 **Turgan.** Les grandes usines de France. T. I à XVII. Paris 1860—1885. 17 vol. gr. in-8°, les 9 premiers, en demi-rel. chagr., le reste, en livraisons. Av. grand nombre de fig.

1402 **Tu[illegible]us, Horatius,** e sociecate Jesu. Epitome historiarum libri X. E[illegible] secunda. Coloniae Agrippinae, 1621, in-24, 503 p., plus préf. et [illegible]dex, demi-rel. parch., tranches dorées et gaufrées.

1403 **Vaines, Dom de.** Dictionnaire raisonné de diplomatique, contenant les règles principales pour servir à déchiffrer les anciens titres, diplômes et monuments. Paris 1774. 2 vol. in-8°, rel. veau marb., tr. rouges. Av. 32 planches. (Très rare).

1404 **Véron, Eug.** Les associations ouvrières de consommation, de crédit et de production en Angleterre, en Allemagne et en France. Paris 1865, in-16, X—307 p., demi-rel. perc.

1405 **Wailly, Natalis de.** Eléments de paléographie. Paris 1838. 2 vol. in-fol., demi-rel. parch., av. coins, têtes rouges, tranches ébarbées. Av. planches. (Très rare et recherché).

1406 **Walckenaer, le Baron de.** Géographie ancienne historique et comparée des Gaules cisalpine et transalpine. Paris 1839. 3 vol. in-8°, et 1 atlas in-fol., br.

1407 **Weber, J. A.** Bekannte und unbekannte Fabriken und Künste. Tüb. 1781, in-12, 326 p., cart.

1408 **Zeitschrift des historischen Vereins** für das württembergische Franken. X. Bd. cplt. Heilbronn 1875—1878. 3 livr. in-4°, 214 p.

Supplément.

(Alsatiques et quelques autres ouvrages).

1409 **Acta und Handlungen** in Sachen Herren Thumb Dechan vnnd Capitularen dess Stiffts Strassburg. Contra Meyster und Rhat dess heyligen Reichs Freyen Statt Strassburg. Strassb. 1634, pet. in-4°, VIII—264 p., cart. (Rare).

1410 **Affaire du Collier.** — 6 Mémoires judiciaires in-4°. réunis en 1 vol., demi-rel. cuir ord.

1411 **(Arnold, J. D. G.)** Der Pfingstmontag. Lustspiel in Strassburger Mundart. Neue revidierte Ausg. Mit einer literar.-histor. Einleitung von L. Spach. Strassb. 1874, in-8°, XLV—252 p., demi-rel. chagr.

1412 **Baquol, Jacques.** L'Alsace ancienne et moderne, ou Dictionnaire topogr., histor. et statist. du Haut- et du Bas Rhin. 3e édition, entièrement refondue par P. Ristelhuber. Strasbourg 1865. 1 [illegible] in-8°, rel. toile. Av. 15 planches et 5 cartes.

1413 **Batt, Fr.** Das Eigentum zu Hagenau im Elsass. Colmar 1876—1881. 2 vol. in-8°, brochés. (Le T. II n'a jamais été mis en vente).

1414 **Bebel, Balthasar.** Antiquitates Germaniae primae et in hac Argentoratensis ecclesiae evangelicae è variis impressis et manu exaratis monumentis congestae et explicatae. Argentor. 1669, pet. in-4°, 254 p., plus la dédicace et l'index, cart.

1415 **Bernhard, K.** Gedichte eines Strassburgers. Strassb. 1860, in-16, XXXI—243 p., cart.

1416 **Berstett, Aug. Frhr. von.** Versuch einer Münzgeschichte des Elsasses. Freiburg i. B. 1840, in-4°, VIII—100 p., br. Av. 14 pl. grav. sur cuivre. (Petites taches de rousseur).

1417 **Biblia,** das ist: Die gantze Heilige Schrifft dess Alten und Neuen Testaments. Wie solche von Herrn Doctor Martin Luther Seel. im Jahr Christi 1522. in unsre Teutsche Mutter-Sprach zu übersetzen angefangen, Anno 1534. zu End gebracht / . . . . . Anjetzt mit gantz neuen und schönen Kupfer-Bildnissen nebst derenselben beygedruckten Lebens-Läufen, auch andern annehmlichen Figuren . . . . ausgezieret. Nürnberg 1725, gr. in-fol., gepresster Schweinslederband, mit Kupferecken u. 2 Schliesshaken. (Etliche der **Kurfürstenbilder** sind unterlegt).

1418 **Blooh, Maurice.** Femmes d'Alsace. Souvenirs littéraires. Paris 1896, in-16, VII—259 p., br.

1419 **Blum, v.** Critische Untersuchung der Mitternächtlichen Elsasser-Gränze. 1. Tl. (seul paru). Frankenthal 1791. in-12, XXIV—254—LXXVII p., cart. (Rare).

1420 **Bostetter, A.** Gesch. Notizen über die Stadt Brumath. Strassb. 1896, in-8°, VIII—133 p., br. Av. 6 vues et 1 carte.

1421 **Bussierre, le Baron Th. Renouard de.** Histoire du développement du protestantisme à Strasbourg et en Alsace, depuis l'abolition du culte cathol. jusqu'à la paix de Haguenau (1529 à 1604). Strasbourg 1859. 2 vol. in-8°, br.

1422 **Cerfberr de Médelsheim, A.** Biographie Alsacienne-Lorraine. Paris 1879, in-18, 327 p., broché.

1423 **Coccius Jodocus.** Dagobertus rex Argentinensis episcopatus fundator praevius. Molshemii 1623, in-4°, 262 p., plus préface et index, br. (Très rare).

1424 **Concordienbuch, Christliches,** darin öffentliche Bekentnisse u. symbolische Schriften der ev. luth. Kirche enthalten sind. Hersg. v. Siegm. Jac. Baumgarten. Halle 1747, in-8°, 806—504 S., alter Lederband.

1425 **Dannhawer, Joh. Conr.** Evangelisches Memorial oder Denckmahl der Erklärungen / vber die Sontägliche Evangelien / Welche zu Strassburg im Münster abgelegt . . . . worden. Strassburg 1661, kl. 4°, XVI—908—XLI S. — Angebunden vom selben Verfasser: Wolverdientes Schul-Recht. Strassb. 1662, XXXII—238 S. Alter Schweinslederband.

1426 **Description du Département du Bas-Rhin,** publ. av. le concours du Conseil gén. sous les auspices de M. Migneret, Préfet. T. I et II en demi-rel. perc., T. III et IV 1 brochés. Strasb. 1858—1871. (Ouvrage non terminé).

1427 **Ehrlen, Joh. Jac.** Geistliche Kranken-Cur aus der Himmlischen Seelen-Apothek / der H. Schrifft / Mit auserlesenen Sprüchen . . . . in diese richtige Ordnung verfasset. Strassburg 1722, in-24, XII—772 —VIII S., nebst einem Titelkupfer. Alter Lederband mit 2 Schliessen.

1428 **Engelhard, Maurice.** La Chasse et la Pêche. Souvenirs d'Alsace. Av. 132 dessins par H. Ganier. Nancy 1888, gr. in-8°, VI—316 p., br.

1429 **Fischer, Dagobert.** Das alte Zabern, archeol. u. topographisch dargestellt. (Abdruck aus dem „Zaberner Wochenblatt"). Zabern 1868, in-8°, III—232 p., br.

1430 — Notice historique sur le Château de Haut-Barr (près de Saverne). 2e édit. revue et augm. Saverne 1875, in-8°, 34 p., br.

1431 — Die ehemalige Herrschaft Romansweiler und Cossweiler. Zabern 1877, in-12, 47 p., br.

1432 **Generale (Die) der französischen Republik** und des Kaiserreiches. Von dem Verfasser der „Soldaten der Republik u. des Kaiserreichs". Mit 50 Portraits nach den besten Originalien. Leipzig 1847, gr. 8°, XI—555 S., br.

1433 **Gérard, Charles.** Essai d'une faune historique des mammifères sauvages de l'Alsace. Colmar 1871, gr. in-8°, XII—422 p., br.

1434 **Goutzwiller, Ch.** Le Comté de Ferrette. Esquisses historiques. 2e édit. Altkirch 1868, in-18, VII—114 p., cart. (Très rare).

1435 **Graf, Matthias.** Geschichte der Stadt Mühlhausen und der Dörfer Illzach u. Modenheim im obern Elsasse. Mühlh. 1819—1826, 4 Theile en 2 vol., in-18, cart. (Très rare et recherché).

1436 **Grandidier, Ph. A.** Nouvelles oeuvres inédites, publ. sous les auspices de la Soc. industr. de Mulhouse, par A. M. P. Ingold. Colmar 1897 à 1900. 5 vol. gr. in-8°, br.

1437 **Gyss, J. (l'abbé).** Histoire de la ville d'Obernai. Strasb. 1866. 2 vol. gr. in-8°, demi-rel. basane. (Rare).

1438 **Hartmann, C. F.** Alsatische Saitenklänge. Strassb. 1840—1843. 2 vol. in-8°, demi-rel. veau.

1439 **Hartmann, Joh.** Catechetische Hauss-Postill, oder Hertzliche Gespräche zwischen einem Prediger und Zuhörer, über alle Sonn-, Fest- und Feyer-Tags-Evangelia und Episteln. Hersg. v. Joh. Chr. Klemmen. Tübingen 1749, kl.-4°, VI—616—IV—532—238 S., in altem Lederband.

1440 **Heitz, F. C.** Les Sociétés politiques de Strasbourg pendant les années 1790 à 1795. Extraits de leurs procès-verbaux. Strasb. 1863, in-8°, VIII—400 p., demi-rel. maroq.

1441 **Helmer, M.** Sammlung von geschichtlichen Notizen der Umgegend von Wasslenheim und Molsheim. Wasslenh. 1851, in-18, 137 p., br. Av. répert. manuscrit ajouté. (Rare).

1442 **Jahrbuch für Geschichte,** Sprache u. Litteratur Elsass-Lothringens, herausg. v. Vogesen-Club. Jhrg. II, III, IV, VI, VII, VIII, X, XII, XIV, XV, XVII, XVIII, XIX, XX, XXI, XXII, XXIV. Strassb. 1886 bis 1908. 17 vol. in-8°, br.

1443 **Jouy, de.** L'Hermite en province. Tome XIe: Alsace-Lorraine et Vosges. Paris 1826, in-16, 433 p., demi-rel. chagr. Av. quelques gravures.

1444 **Kervyn de Lettenhove, Bon. H.** La Toison d'Or. Notes sur l'institution et l'histoire de l'ordre (de 1429 à 1559). 2e édit. Bruxelles 1907, in-4°, 114 p., ½ rel. chagr. rouge, av. coins. Av. 45 planches hors texte.

1445 **Kindler von Knobloch, J.** Die Herren von Hohenstein im Elsass. Wien 1884, in-4°, 16 p., br. Av. 1 planche.

1446 **Kirchen-Ordnung** (Revidirte) wie es mit der Lehre Göttl. Worts / . . . . In der Kirchen zu Strassburg / biss hieher gehalten worden / etc. Strassburg 1670, pet. in-4°, VIII—417 p., plus la table de 13 p., rel. veau anc.

1447 **Kirschleger, F.** Prodome de la Flore d'Alsace. Strasb. 1836, in-16, XVIII—252 p., demi-rel. chagr. — Appendice au Prodome . . Strasb. 1838, 30 p., br.

1448 **Laurent, J. J.** Les Légendes de l'Alsace. Paris 1865, in-8°, VI—119 p., demi-rel. perc. — A la fin du volume se trouvent ajoutées, du même auteur, trois autres légendes imprimées à Colmar dans les années 1867 à 1869.

1449 **Le Roy de Sainte-Croix.** Les anniversaires glorieux de l'Alsace (1781—1848). („Petite Collection alsacienne"). Strasb. 1881, in-18, XI—280 p., demi-toile rouge.

1450 **Margerand, J.** Le Centenaire des Cuirassiers. (Extr. du Carnet de la Sabretache). Paris 1904, gr. in-8°, 93 p., br. Av. 7 planches hors texte.

1451 **Ohl, Ludwig.** Geschichte der Stadt Münster und ihrer Abtei im Gregorienthal. Mit Illustrationen u. Karte. Vorbruck-Schirmeck 1897, gr. in-8°, XVI—554 p., br.

1452 **Pajol, le Comte.** Kleber, sa vie, sa correspondance. Paris 1877, gr. in-8°, XI—499 p., br. Av. portrait.

1453 **Panorama des Vosges** et du Chemin de fer de Strasbourg à Bâle. Dessiné d'après nature par Emile Simon fils et Th. Müller. Strasbourg 1844. 1 vol. in-4° de 14 planches in-fol. obl. pliées en 4, cart.

1454 **Penot, Ach.** Statistique générale du département du Haut-Rhin, publiée par la Société industrielle de Mulhausen, et mise en ordre par Achille Penot. Mulh. 1831. 1 vol. in-4°, 432 p., en livr. Av. tableaux synoptiques.

1455 **Petri, Jacob Heinrich.** Der Stadt Mühlhausen Geschichten, im Anfange des 17. Jahrh. geschrieben. Mühlhausen 1838, in-8°, 638 p., demi-rel. chagr. ord. Av. 1 plan. (Rare).

1456 **(Ramond de Carbonnière, L. F. E.)** La Guerre d'Alsace pendant le grand schisme d'occident, terminée par la mort du vaillant Comte Hugues surnommé Le Soldat de Saint Pierre. Drame historique. Basle 1780, in-12, XXIII—287 p., rel. veau anc. Av. 2 vues dont une hors texte. (Un coin de la feuille du titre enlevé).

1457 **Rathgeber, Julius.** Colmar und Ludwig XIV. (1648—1715). Ein Beitrag zur elsässischen Städtegeschichte im siebenzehnten Jahrhundert. Aus ungedruckten Chroniken gesammelt und herausgegeben. Stuttgart 1873, in-8°, X—211 p., br.

1458 **Recueil des édits,** déclarations, lettres patentes, arrêts du Conseil d'Etat et du Conseil souverain d'Alsace, ordonnances et règlements concernant cette Province, avec des observations par M. de Boug. 1657—1770. Colmar 1775. 2 vol. gr. in-fol. Rel. veau anc., tr. rouges.

1459 **Rocholl, Heinrich.** Anfänge der Reformation in Colmar. Colmar 1875, VI—68 p. — Die Einführung der Reformation in d. ehemal. freien Reichsstadt Colmar. Colmar 1876, XVI—248 p. Les 2 ouvrages réunis en 1 vol. cart.

1460 **Röhrich, Tim. Wilh.** Mittheilungen aus d. Geschichte der evang. Kirche des Elsasses. Strassb. 1855, 3 vol. in-8°, br.

1461 **(Scharfenstein, J. F.)** Kurtze doch gründliche Historie des Herzogthums Lothringen von den Zeiten der Römer an biss auf den letzten Friedens-Schluss von Anno 1738, ... nebst einer gantz neuen Geograph. Beschreibung . . . Franckfurt & Leipzig 1743—1744. 2 vol. in-12, br. (Avec 3 portr. et 1 gr. carte de la Lorraine).

1462 **Schauenburg (Baron de).** Enumération des Verrières les plus importantes conservées dans les églises d'Alsace. Caen 1860, in-8°, 62 p., br. (Extr.)

1463 **Schoepflin, Joh. Dan.** Alsatia illustrata celtica, romana, francica. Colmariae 1751—1761. 2 vol. in-fol., cart. Av. nombr. planches gravées.

1464 **Schwebel, Oskar.** Sagen und Bilder aus Lothringens Vorzeit. Forbach 1886, in-8°, IX—312 p., rel. toile orig.

1465 **Seinguerlet, E.** L'Alsace française. Strasbourg pendant la Révolution. Paris 1881, in-8°, XII—364 p., br.

1466 **Spach, Louis.** Frédéric de Dietrich, premier Maire de Strasbourg. Strasb. 1857, in-8°, 142 p., br. Av. portrait par C. Guérin.

1467 — Dominique Dietrich, ammeistre de Strasbourg. Strasb. 1857, in-8°, 66 p., br.

1468 — Le Comté de Hanau-Lichtenberg. (Extr. du „Bull. de la Soc. . . . des Mon. hist. d'Alsace"). Strasbourg (1860), in-8°, 58 p., br. Av. 3 planches, 2 cartes et 1 tableau généalog.

1469 — Les Châteaux-forts de l'Alsace. (Extrait du „Compte rendu des séances archéologiques tenues à Strasbourg en 1859"). Caen 1860, in-8°, 50 ff., br. Avec gravures.

1470 **(Spanheim, Fréd.)** Le Soldat suédois, ou Histoire véritable de ce qui s'est passé depuis l'avenuë du Roy de Suéde en Allemagne jusques à sa mort. S. l. (Genève) 1634, in-18, VIII—496 p., plus la table, rel. parch., tr. rouges.

1471 **Sporschil, Joh.,** Die Kaiser-Chronik. Enthaltend die Schlachten, Gefechte . . . . der franz. Heere unter Napoleon. Mit 90 histor. Bildern in Stahl gestochen von Reveil in Paris. 2. Aufl. Leipzig 1837, in-18. 2 Teile in 1 Bd. geb. (Stockfleckig).

1472 **Stoeber, August.** Alsatia. Jahrbuch f. elsässische Geschichte, Sage, Alterthumskunde, Sitte, Sprache und Kunst. Herausgeg. von August Stoeber. Jahrg. 1850—1876 (ohne Bd. 1850 u. 1865/67). 9 tomes rel. et br.

1473 — Neue Alsatia. Beiträge zur Landeskunde, Geschichte, Sitten und Rechtskunde des Elsasses ausgewählt aus 50 Jahren literar. Thätigkeit des Verfassers. 1834—1884. Zugleich Schlussband der „Alsatia". Mülh., 1885. 1 vol. in-8°, br.

1474 **Stoeber, Aug., u. Fr. Otte,** Elsässische Neujahrsblätter. Im Verein mit ihren Freunden herausg. Années 1843 à 1848. Basel, 6 vol. in-8°, demi-rel. chagr. rouge, non rognés. Av. portraits. (Quelques taches de rousseur).

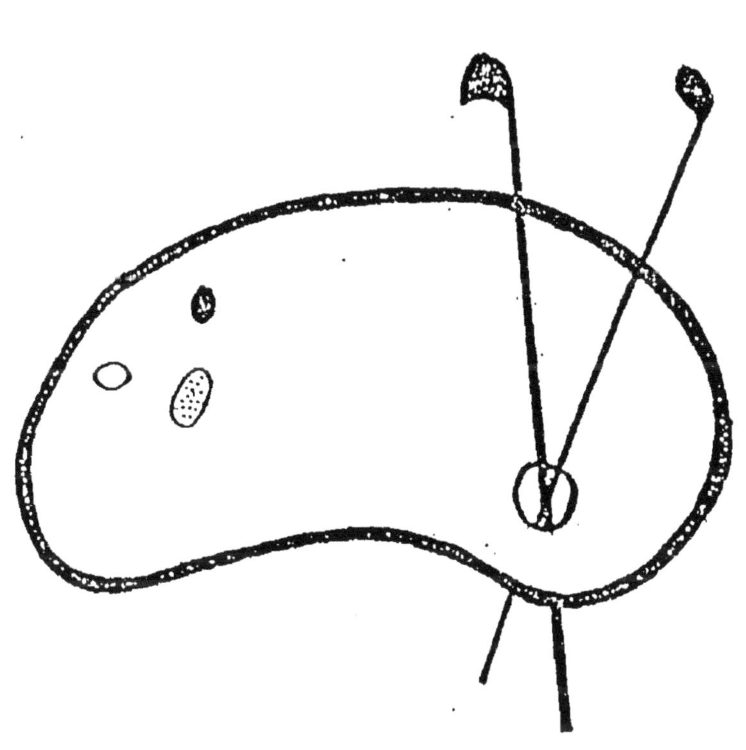

1475 **Stoeber, Elias.** Der Buss-übende und von Gott begnadigte Sünder / In einem neu-verfassten Communion-Buch . . . . sorgfältig und treulich versehen. Strassburg 1755, in-18, XII—258 S., in altem Lederband.

1476 **Taschenbuch (Alsatisches)** für das Jahr 1806. Strassb. (1805), in-24, 192 p., cart.

1477 **Thiers, Edouard,** et **S. de la Laurencie** (Capitaines). La Défense de Belfort, écrite sous le contrôle de M. le colonel Denfert-Rochereau. 2me édition. Paris 1871, in-8°, 485 p., br. Avec cartes et plans.

1478 **Uz, J. P.** Sämtliche Werke. 2 Bde. in 1 Bd. cart. Leipzig 1768, in-18. (Mit **Ex libris Joh. Spoerlin**).

1479 **Voyage dans les Départemens de la France,** par une Société d'Artistes et de Gens de Lettres. Enrichi de tableaux géographiques et d'estampes (quelques centaines). Tomes 1, 3 à 12, soit 11 vol. en demi-rel. basane de l'époque. Paris 1792.

1480 **Revue Alsacienne Illustrée.** Illustr. Elsässische Rundschau. Hersg. v. C. Spindler. Bd. 1—10, Jahrg. 1898—1908, Folio. Jahrg. 1—7 geb. in blauen Halbmaroquinbdn. Jahrg. 8—10 in Heften. In dieser Erhaltung und Vollständigkeit von allergrösster Seltenheit.

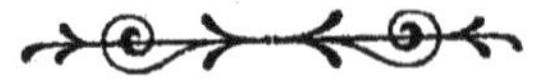

Bulletin de commission. — Auftrags-Zettel.

Veuillez acheter pour mon compte à la vente Jules Degermann au mieux et jusqu'à concurrence des prix indiqués (les frais et droits de commission non compris), les articles mentionnés ci-dessous.

Sie wollen für mich und meine Rechnung unter den vorgedruckten Auktionsbedingungen auf der Versteigerung der Bibliothek Jules Degermann, möglichst billig, folgende Nummern erwerben; meine Preisgebote gelten als Höchstgebote (ohne Auktions- und Provisionskosten).

Name: (bitte deutlich) Nom: (bien lisible) Adresse:

Numéros du catalogue Katalog-nummern	Titres (les premiers mots seulement)	Titel (nur die ersten Worte)	Limite Höchstgebot

Avis essentiel: *Pour le cas où vous me remettez vos ordres, sans fixer de limites, veuillez, pour ma gouverne, vous servir des marques suivantes:*

†: *ouvrages auxquels vous n'attachez qu'un intérêt secondaire.*

††: *ceux auxquels vous vous intéressez davantage, sans toutefois dépasser les prix courants.*

†††: *ceux que vous tenez à obtenir à tout prix.*

Numéros du catalogue **Katalog-nummern**	Titres (les premiers mots seulement)	Titel (nur die ersten Worte)	Limite Höchstgebot

www.ingramcontent.com/pod-product-compliance
Ingram Content Group UK Ltd.
Pitfield, Milton Keynes, MK11 3LW, UK
UKHW021822190726
13853UKWH00003B/1124

9 782329 605289